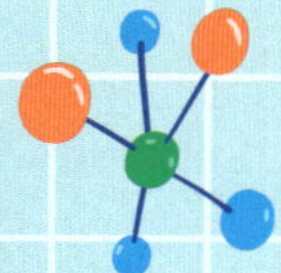

15-Minuten-Experimente

Emily Hunt

Grundschulkinder forschen in den MINT-Fächern

Verlag an der Ruhr

Titel der deutschen Ausgabe
15-Minuten-Experimente – Grundschulkinder forschen in den MINT-Fächern

Titel der englischen Originalausgabe
15-Minute STEM
Quick, creative Science, Technology, Engineering and Mathematics activities for 5-11-year-olds

Autorin
Emily Hunt

Umschlagmotive und Fotografien im Innenteil
© Jane Hewitt |
Münze mit Pipette, S. 33 | Münzen mit Gläsern, S. 39 | Münzen in Schale, S. 91 © Sascha Bruckhoff

Illustrationen
© Les Evans

Übersetzung
Regina Erich

Satz und Layout
Sascha Bruckhoff

Druck
Athesia Druck GmbH, Bozen, IT

Bearbeitung für Deutschland

Verlag an der Ruhr
www.verlagruhr.de
info@verlagruhr.de

PEFC-zertifiziert
Dieses Produkt stammt aus nachhaltig bewirtschafteten Wäldern und kontrollierten Quellen
www.pefc.de

Geeignet für die Klassen 1-4

1. Auflage, 2. Druck 2026
ISBN 978-3-8346-4381-0

Inhaltsverzeichnis

Experimente

Kopiervorlagen . . . 97

Meinungen

Das sagen Expert*innen zu diesem Buch

„Die *15-Minuten-Experimente* sind hervorragend! Sie bieten eine Fülle von spannenden, motivierenden Aktivitäten rund um Wissenschaft und Technik, die Kinder ansprechen und ihr Interesse wecken. Die praktische Durchführung der Versuche trägt dazu bei, dass Kinder eine Fragehaltung entwickeln. Die anschaulichen Illustrationen und die schrittweisen Anleitungen machen das Buch zu einem idealen Begleiter für die Anwendung zu Hause sowie für Lehrkräfte, die handlungsbezogene Lernaktivitäten in ihrem Unterricht anbieten wollen. Einfach fantastisch!"

Lynda Mann,
Leiterin für Ausbildungsprogramme, Royal College of Engineering

„Tolles Buch! *15-Minuten-Experimente* ist vollgepackt mit spannenden, praxisnahen Ideen, die schnell umgesetzt werden können und gleichzeitig länger anhaltendes Interesse stimulieren. Es eignet sich gleichermaßen für Eltern/Erziehungsberechtigte und Lehrkräfte – ganz sicher eine der besten Praxishandreichungen, die ich seit Langem gelesen habe."

Professor Bill Lucas,
Mitautor von *Educating Ruby* und *Thinking Like an Engineer*

„*15-Minuten-Experimente* enthält eine Fülle von Aktivitäten, die eingesetzt werden können, um aktuelle Lernprozesse zu fördern und Kinder zu motivieren, neue Denkwege einzuschlagen. Die Aufgaben sind sowohl für Erwachsene wie für Kinder spannend und interessant. Sie leiten Lernende auf natürliche Weise dazu an, in ihrem persönlichen Tempo ihre Ideen auszuloten und sie mit anderen zu diskutieren. Eine wahre Fundgrube für kreative Lernangebote, aus der man immer wieder schöpfen kann."

Gilly Tree-Milner,
**leitende Lehrkraft für Waldpädagogik und Unterricht in der Natur,
Worsbrough Common Primary School**

„*15-Minuten-Experimente* bietet eine umfassende Sammlung einfallsreicher und interaktiver Aktivitäten, die mit leicht verständlichen Anleitungen versehen sind. Kinder werden dazu angeregt, lernend Fragen zu stellen, Schlüsse zu ziehen und Hypothesen zu bilden. Das Buch ist so übersichtlich angelegt, dass man den Aktivitäten folgen kann. Fotos veranschaulichen eine ganze Palette von interessanten Aufgaben. Jede Aktivität wird mit einer Frage eingeleitet, die das Interesse und die Neugier der Kinder auf MINT-Themen weckt. Unsere Schüler*innen sind hellauf begeistert!"

Jo Lancett,
Schulleiterin, Darton Primary School

„*15-Minuten-Experimente* ist ideal, um Kinder aller Lernstufen und Kompetenzniveaus an die praktische Beschäftigung mit MINT heranzuführen, sowohl in der Schule als auch zu Hause. Die Aufgaben sind klar und verständlich, vermitteln schnell und effektiv komplexe Sachverhalte und können mit einfach verfügbaren Materialien durchgeführt werden. Ganz besonders gefällt mir, dass die Angebote dazu beitragen, eine positive Einstellung zum Lernen zu entwickeln, und sich auf reale Berufsfelder beziehen. Ich bin überzeugt, dass so künftige Wissenschaftler*innen hervorgebracht werden können."

Joanne Fitton,
Umweltwissenschaftlerin und Elternrätin

„*15-Minuten-Experimente* enthält ansprechend gestaltete, für Lehrkräfte leicht einzusetzende Unterrichtsmaterialien und bietet einen Reichtum an erprobten Aktivitäten zur Förderung von MINT-Kompetenzen. Sie sind besonders gut geeignet für Lehrkräfte, die wenig Erfahrung mit MINT-Fächern haben. Jede Aktivität wird klar und bündig erklärt. Die auffälligen Icons, die den Aktivitäten vorangestellt sind, erleichtern die Gestaltung einer angemessenen Lernumgebung. Die Hinweise zu den verschiedenen relevanten Berufen geben den Kindern einen nützlichen Einblick in mögliche MINT-Berufswege. Eine fantastische Grundlage für Lehrkräfte, die zum ersten Mal MINT-Aktivitäten im Unterricht einsetzen."

Tanya Shields,
Leiterin für MINT an Grundschulen, STEM Learning Ltd.

„*15-Minuten-Experimente* ist ein großartiges Handbuch für alle, die in ihren vollen Stundenplan noch MINT-Angebote aufnehmen möchten. Jede Aktivität ist in einer für Kinder verständlichen Sprache formuliert, mit Bildern und leicht nachvollziehbaren Anleitungen versehen und so angelegt, dass Kinder den Zweck der Aufgabe schnell erfassen können. Das Buch enthält Dutzende von MINT-Ideen, die mir völlig neu waren. Auf den ersten Blick war für mich erkennbar, wie sie in jedem Unterricht eingesetzt werden können – entweder als Einzelangebot oder als Teil aktueller Unterrichtsvorhaben.
Fantastisch!"

Ben Connor,
Lehrer, St. Maxentius CE Primary School

* Der Verlag an der Ruhr legt großen Wert auf eine geschlechtergerechte und inklusive Sprache.
Daher nutzen wir neutrale Formulierungen oder das Gendersternchen, um alle Menschen unabhängig von Geschlecht oder Geschlechtsidentität einzuschließen.
In Texten für Schüler*innen finden sich aus didaktischen Gründen neutrale Begriffe bzw. Doppelformen.

Einführung

Gute Gründe für 15-Minuten-Experimente aus dem MINT-Bereich

MINT-Fachdisziplinen zeigen sich in fast allen Bereichen unseres Lebens – von Bauprojekten bis zur Weltraumforschung, vom Umweltschutz bis zur digitalen Revolution. Die Nachfrage nach MINT-Kompetenzen ist groß und wird weiter steigen.

Bildung im MINT-Bereich ist ein fächerübergreifender Ansatz für den naturwissenschaftlich-technischen Unterricht, dessen Hauptschwerpunkt auf Problemlösungskompetenzen liegt. So eignen sich auch die 15-Minuten-Experimente vornehmlich für den Sachunterricht, können aber auch fächerübergreifend zum Einsatz kommen. Fundierter MINT-Unterricht setzt auf Unterrichtsaktivitäten mit einem praktischen Bezug zu realen Umweltphänomenen, damit Kinder verstehen können, warum unterrichtliches Lernen für sie relevant ist und wie sie Gelerntes künftig nutzen können. Er ist ein wichtiges Instrument, um Stereotypen abzubauen und mehr Kinder zu ermutigen, MINT-Berufe zu ergreifen. Frauen und ethnische Minderheiten sind in MINT-Berufen deutlich unterrepräsentiert. Umso wichtiger ist es, dass jedes Kind seine individuellen Fähigkeiten durch praktische Erfahrung ausloten und realisieren kann.

Doch wie gelingt die Umsetzung? Es könnte sein, dass Sie hierfür nach Antworten auf eine oder sogar auf alle der folgenden Fragen suchen:

- Wie binde ich 15-Minuten-MINT-Experimente in den Tagesablauf ein?
- Welche Art von MINT-Experimenten sollte ich anbieten?
- Wie kann ich MINT-Aktivitäten anbieten, wenn ich selbst keine Fachlehrkraft, Experte oder Expertin bin?
- Eignen sich MINT-Experimente nur für den Unterricht im Klassenraum?

Dieses Buch soll Ihnen die Gewissheit geben, dass Sie keine Fachkraft sein müssen, um qualitativ hochwertige MINT-Aktivitäten zu planen und durchzuführen. Es bietet 40 kurze, leicht planbare MINT-Angebote für Lehrkräfte an Grundschulen. Es eignet sich auch in idealer Weise für Eltern, die es zu Hause mit ihren Kindern nutzen möchten.

Wie binde ich 15-Minuten-MINT-Experimente in den Tagesablauf ein?

15-minütige MINT-Experimente dauern wirklich nur 15 Minuten.
Jedes Experiment wurde getestet, um sicherzustellen, dass es schnell durchgeführt werden kann. Durch die minimale Vorbereitungszeit passt eine 15-minütige MINT-Aktivität in die freien Zeiträume, die sich in einem ansonsten durchgeplanten Alltag bieten. Es liegt natürlich an Ihnen, wie viel Zeit Sie darauf verwenden möchten, mit den Kindern eine Aktivität vorzubereiten und hinterher die Ergebnisse mit ihnen zu besprechen.

15-minütige MINT-Experimente sind leicht vorzubereiten.
Für viele der Aktivitäten in diesem Buch werden alltägliche Materialien benötigt, die man zu Hause oder im Klassenzimmer hat. Daher können die Experimente auch kurzfristig angeboten werden. In den Feldern „Du brauchst“ werden die Materialien aufgelistet, die für eine einmalige Durchführung der jeweiligen Aktivität benötigt werden. Ein Materialset ist für jeweils ein Kind oder eine Gruppe vorgesehen.

Die Experimente müssen nicht mit dem Lehrplan übereinstimmen.
Der Vorteil dieser 15-minütigen Experimente besteht darin, dass sie unabhängig von anderen Lerninhalten angeboten und flexibel als eigenständige Projekte eingesetzt werden können. Dabei werden Sie feststellen, dass die Kinder von ganz allein auf verschiedene Vorkenntnisse zurückgreifen, während sie die jeweiligen Aktivitäten durchführen.

Welche Art von MINT-Experimenten sollte ich anbieten?

MINT-Experimente sollten einen Bezug zur realen Welt herstellen.
Die Erfahrung zeigt, dass Kinder auf solche Aktivitäten ansprechen, die für das reale (Alltags-)Leben relevant sind. Deshalb beginnt jedes Experiment mit einer Frage, die Kinder sich selbst stellen könnten. Es liegt dann an ihnen, dieser Frage nachzugehen. Jedem Experiment sind MINT-Berufe zugeordnet, die sich inhaltlich auf ähnliche Aufgabenstellungen beziehen. Diese Berufe sind in einem Glossar (ab S. 10) aufgelistet. Untersuchungen haben gezeigt, dass die Einstellung von Kindern gegenüber bestimmten Berufen und Berufswegen schon in einem frühen Lebensalter geprägt wird. Geschlechtsspezifische Stereotype existieren bereits ab einem Alter von sieben Jahren[1]. Wenn Kinder an alltagsrelevante MINT-Berufe herangeführt werden, können diese frühen Sichtweisen und Stereotypen infrage gestellt und die Berufsperspektiven der Kinder erweitert werden.

Wie kann ich MINT-Inhalte anbieten, wenn ich selbst keine Fachkraft bin?

Folgen Sie der Erklärung zu den Lerninhalten.
Jedes Experiment enthält eine Anleitung, die so an die Kinder weitergegeben werden kann. Zu jedem Experiment werden in der Textbox „Was lernen wir?" die wichtigsten Lerninhalte zusammengefasst. Diese Informationen sind am Grundschulalter ausgerichtet und liefern Ihnen die wesentlichen Fakten, um die Aufgabe erklären zu können.

Weniger Vorgaben, mehr Aktion.
Die Anleitungen sind auf verständliche Weise formuliert und sollen dazu ermutigen, den Kindern möglichst freie Hand zu lassen. Anstatt jeden Aufgabenschritt Punkt für Punkt vorzugeben, stellen Sie die Ausgangsfrage, bieten den Kindern die dazugehörigen Materialien an und lassen sie dann das Experiment selbstständig durchführen. Unterstützen Sie sie bei Bedarf anhand der Anleitung.

Eignen sich MINT-Experimente nur für den Unterricht im Klassenraum?

MINT-Themen eignen sich für das Lernen in der Schule und zu Hause.
Diese Aktivitäten können sowohl von Lehrkräften in der Schule als auch von Eltern und Erziehungsberechtigten zu Hause durchgeführt werden. Die Auseinandersetzung mit MINT-Inhalten sowohl in der Schule als auch zu Hause hilft, Lernprozesse in lebensnahe Bezüge einzubetten und das Interesse an diesen Fächern bereits vom Grundschulalter an zu fördern.

15-Minuten-Experimente sind anpassbar.
Jede Aktivität kann mit wenig Aufwand für verschiedene Altersgruppen von Klasse 1 bis 4 angepasst werden. Halten Sie sich bei der Arbeit mit jüngeren Kindern an die Grundstruktur der Aktivität. Um die Aufgabe für ältere Schulkinder zu erweitern, können die Hinweise unter „Weiterforschen" verwendet werden. Die Hinweise können auch herangezogen werden, um die Aktivität über die vorgesehenen 15 Minuten hinaus zu verlängern, je nachdem, wie motiviert die Kinder sind. Wenn die Aktivität mit der ganzen Klasse durchgeführt wird, bleibt genügend Zeit, um die Ergebnisse anschließend zu diskutieren und zu vergleichen. Viele der Aufgaben eignen sich auch für die Arbeit in Kleingruppen, um die Fähigkeit zu gemeinsamer Problemlösung und Kooperation zu fördern.

[1] Siehe Nick Chambers, Elnaz T. Kashefpakdel, Jordan Rehill und Christian Percy: Drawing the Future. Exploring the Career Aspirations of Primary School Children from Around the World (London: Education and Employers, 2018).

Und noch etwas ...

15-Minuten-Experimente fördern soziale Kompetenzen.

Problemlösung, kritisches Denken, Teamarbeit, Kommunikation, Selbstvertrauen, räumliches Vorstellungsvermögen ... die Liste ist lang! Die handlungsorientierten 15-Minuten-Experimente sollen Neugierde und Kreativität fördern und dabei gleichzeitig zur Entwicklung einer Reihe anderer wichtiger sozialer Kompetenzen beitragen, die für den Erfolg in MINT-Berufen und anderen Berufsgruppen entscheidend sind.

Los geht's!

Gesundheitsschutz, Sicherheitsmaßnahmen und Sonstiges

- Für einige Experimente gibt es Kopiervorlagen, die Sie ab S. 97 finden, aber Sie können stattdessen auch auf eigenes Material zurückgreifen.
- Manche Experimente sind abhängig von den Jahreszeiten. Z. B. sollte Experiment 13 („Blattformen sortieren“, S. 40/41) im Herbst durchgeführt werden, wenn viel Laub fällt. Heben Sie sich solche Aktivitäten für die geeignete Jahreszeit auf.
- Des Weiteren gibt es Experimente, bei denen man sich eventuell schmutzig machen kann. Sie werden am besten draußen und in geeigneter Kleidung durchgeführt. Ein entsprechender symbolischer Hinweis ist der Anleitung vorangestellt. Eine Erläuterung der Symbole finden Sie weiter unten auf dieser Seite.
- Einige Experimente erfordern, dass man mehrmals am Tag zu ihnen zurückkehrt (z. B. Experiment 5, „Schatten jagen“, S. 24/25). Auch dazu gibt es zu Beginn der Anleitung einen symbolischen Hinweis.
- Bei manchen Aktivitäten werden Materialien aus Einwegkunststoffen (z. B. Trinkhalme) verwendet. Wann immer möglich, sollten diese Materialien wiederverwendet werden. Teils können Sie auch durch andere Materialien ersetzt werden, z. B. durch Trinkhalme aus Glas oder Metall.

Wichtige Leitlinien, nach denen die Kinder sich richten sollten:

- Wenn du warmes Wasser brauchst, nimm es aus dem Wasserhahn und nicht aus einem Wasserkocher.
- Bleibe bei Experimenten, die draußen durchgeführt werden, in Sichtweite einer erwachsenen Person.
- Sei vorsichtig beim Umgang mit scharfen Gegenständen, z. B. einer Schere.
- Stecke niemals Dinge oder Substanzen in den Mund, die während des Experiments benutzt oder hergestellt werden.
- Wasche dir nach jedem Experiment die Hände und achte darauf, deine Augen nicht zu berühren.
- Nimm Rücksicht auf die Natur und vermeide es, ihr Schaden zuzufügen. Achte darauf, Pflanzen und Tiere nicht zu stören.
- Wenn du eine Aktivität mit Lebewesen durchführst (z. B. Käfer beobachten), bringe sie anschließend dorthin zurück, wo du sie gefunden hast.

Zu jeder Aktivität in diesem Buch gibt es Hinweise in Form von Symbolen. Im Folgenden sind ihre Bedeutungen erklärt:

Dieses Experiment wird später fortgeführt, um weitere Beobachtungen zu machen oder Ergebnisse aufzuzeichnen.

Dieses Experiment kann allein durchgeführt werden.

Dieses Experiment kann drinnen durchgeführt werden.

Dieses Experiment eignet sich für Teamarbeit.

Dieses Experiment eignet sich am besten für draußen.

Dieses Experiment erfordert besondere Vorsicht oder die Hilfe einer erwachsenen Person.

MINT-Berufe

Glossar

Architekt, Architektin

Architekten und Architektinnen planen Gebäude wie Wohnhäuser, Schulen oder Krankenhäuser. Dabei wird nicht nur darauf geachtet, dass die Gebäude schön aussehen. Sie sollen auch sicher sein und den Zweck erfüllen, für den sie gebaut werden.

Arzt, Ärztin

Ärzte und Ärztinnen untersuchen, diagnostizieren und behandeln Beschwerden, Krankheiten und Verletzungen. Sie können in eigenen Praxen oder in Krankenhäusern arbeiten. Ärzte und Ärztinnen spezialisieren sich oft auf ein bestimmtes Fachgebiet, wie zum Beispiel Kardiologie (Funktion des Herzens und Herzkrankheiten).

Astronaut, Astronautin

Astronauten und Astronautinnen fliegen zu Arbeitseinsätzen in den Weltraum. Normalerweise gehören sie zur Besatzung einer bemannten Raumstation. Sie benötigen zumeist einen Studienabschluss in Ingenieurwissenschaften, Naturwissenschaften oder Medizin. Die Auswahl für Weltraumeinsätze ist sehr streng, wobei die körperliche Fitness, die psychische Belastbarkeit und die Intelligenz geprüft werden.

Astronom, Astronomin

Astronomie ist eine Wissenschaft zur Erforschung des Weltalls mit seinen Sternen und Planeten. Astronomen und Astronominnen verwenden Teleskope und Computertechnik, um weit entfernte Dinge, wie schwarze Löcher oder Planeten, zu beobachten. Ihre Forschungsergebnisse verbessern unser Wissen über das Weltall und seine Entstehung vor vielen Milliarden Jahren.

Bautechniker, Bautechnikerin

Bautechniker und Bautechnikerinnen planen und leiten Bauprojekte, wie Häuser, Straßen, Bahnlinien oder Brücken. Sie beteiligen sich auch an der Instandhaltung von Bauwerken und sorgen dafür, dass sie ohne Gefahr genutzt werden können.

Biologe, Biologin

Biologen und Biologinnen erforschen Lebewesen, wie Tiere und Pflanzen. Man nennt diese Lebewesen auch Organismen. In der Biologie wird untersucht, wie sich verschiedene Organismen an ihre Umwelt anpassen, sodass sie überleben und sich vermehren können. Biologen und Biologinnen spezialisieren sich auf verschiedene Fachgebiete, wie Zoologie (Tierforschung), Botanik (Pflanzenforschung), Humanbiologie (die Biologie vom Menschen) oder Meeresbiologie.

Botaniker, Botanikerin

Botanik ist ein Bereich der Biologie, in dem Pflanzen erforscht werden. Botaniker und Botanikerinnen bestimmen Pflanzenarten und tragen dazu bei, dass sie erhalten und vor Ungeziefer, Krankheiten und Klimawandel geschützt werden. Botanik beschäftigt sich auch mit Pflanzen, die als Nahrungsmittel oder in der Medizin genutzt werden.

Chemiker, Chemikerin

Chemiker und Chemikerinnen untersuchen, wie verschiedene Atome sich zu Molekülen verbinden. Dabei werden die Moleküle in lebenden Organismen (organische Chemie) und in unbelebten Dingen (anorganische Chemie) erforscht. Chemiker und Chemikerinnen nutzen ihr Wissen, um zum Beispiel Medikamente oder Treibstoffe zu erfinden oder zu verbessern. Sie arbeiten oft in Laboren.

Dendrologe, Dendrologin

Dendrologie ist ein Wissenschaftszweig, der auf die Erforschung von Holzgewächsen, wie zum Beispiel Bäumen, spezialisiert ist. Dendrologen und Dendrologinnen kennen sich mit der Bestimmung und Klassifizierung von verschiedenen Bäumen aus. Sie arbeiten daran, Wälder und Baumbestände zu schützen, und verbringen bei ihrer Arbeit viel Zeit im Freien.

Elektriker, Elektrikerin

Elektriker und Elektrikerinnen installieren und warten elektrische Anlagen, wie Lichtanlagen, Einbruchssicherungen und Rauchmelder. Sie arbeiten in unterschiedlichen Gebäuden und sind bei Neubauten für den Einbau von Stromleitungen, Schaltern oder Sicherungen zuständig. Der Umgang mit Elektrizität kann gefährlich sein. Es muss deshalb sichergestellt werden, dass man sich bei der Arbeit nicht selbst gefährdet.

Entomologe, Entomologin

Entomologen und Entomologinnen erforschen Insekten, wie zum Beispiel Ameisen, Bienen, Schmetterlinge und Käfer. Sie interessieren sich für die Lebensläufe und das Verhalten von Insekten und sie beobachten sie in ihren natürlichen Lebensräumen. Außerdem sammeln sie Insekten und beobachten sie in Laboratorien.

Erdölgeologe, Erdölgeologin

Erdölgeologen und Erdölgeologinnen suchen und nutzen neue Quellen von Erdöl und Gas, das zum Heizen, in der Industrie und als Treibstoff für Fahrzeuge gebraucht wird. Öl und Gas können im Meeresboden und im Erdboden gefunden werden. Dabei werden Technologien wie Echolot und Satellitenbilder eingesetzt, um solche Quellen zu orten.

Farbtechniker, Farbtechnikerin

Farbtechniker und Farbtechnikerinnen entwickeln und produzieren Färbemittel und Farbstoffe. Sie können auf vielfältige Weise verwendet werden, zum Beispiel zum Färben von Stoffen, als Tinte für Drucker und als Autolacke.

Geologe, Geologin

Geologen und Geologinnen untersuchen die Struktur der Erde und ihre natürlichen Rohstoffe. Sie erforschen auch, wie sich die Zusammensetzung der Erde im Lauf der Zeit verändert hat. Dazu werden Gesteinsproben, Fossilien und Mineralien untersucht. Sie beurteilen auch Gefahren, die von den Aktivitäten in der Erde ausgehen, zum Beispiel Vulkanausbrüche oder Erdbeben.

Maschinenbauer, Maschinenbauerin

Maschinenbauer und Maschinenbauerinnen helfen dabei, Maschinen zu erfinden, zu planen, herzustellen und instand zu halten. Dazu gehören Raketen, Flugzeuge, Züge oder Autos. Dafür müssen sie viel über Mechanik wissen. Das ist ein Zweig der Physik, der sich mit Kraft und Bewegung beschäftigt. Maschinenbauer und Maschinenbauerinnen brauchen umfassende Kenntnisse in diesem Bereich, um ihren Beruf ausüben zu können.

Mathematiker, Mathematikerin

Mathematiker und Mathematikerinnen arbeiten daran, die Welt anhand von Logik oder abstrakten Modellen zu verstehen (reine Mathematik). Sie suchen auch nach praktischen Lösungen für Probleme, indem sie Informationen anhand von Statistiken und Formeln analysieren (angewandte Mathematik). Oft arbeiten sie bei der Problemlösung mit anderen Fachleuten zusammen, zum Beispiel Wissenschaftlern und Wissenschaftlerinnen oder Technikern und Technikerinnen.

Matrose, Matrosin

Matrosen und Matrosinnen arbeiten auf Passagierschiffen, Tankern (Schiffe, die Flüssigkeiten und Gase in großen Mengen transportieren) und Frachtern (transportieren Waren). Sie haben verschiedene Aufgaben, je nachdem, auf welchem Schiff sie arbeiten. Dazu gehören das Beladen von Schiffen, die Instandhaltung des Schiffes, Steuerung und Navigation. Sie sorgen auch dafür, dass das Schiff sicher am Ziel ankommt.

Meeresbiologe, Meeresbiologin

Meeresbiologen und Meeresbiologinnen erforschen das Leben in den Meeren. Sie kümmern sich auch darum, wie sich die Aktivität von Menschen auf das Leben im Meer auswirkt, und suchen nach Möglichkeiten, schädliche Effekte zu vermeiden. Sie verbringen viel Zeit draußen, wobei sie zum Beispiel auf Schiffen arbeiten oder tauchen, um das Leben im Meer zu beobachten.

Meteorologe, Meteorologin

Meteorologen und Meteorologinnen erforschen das Wetter und sagen das Wetter voraus. Dazu sammeln sie mithilfe von Wetterstationen und Satelliten Informationen über die Atmosphäre. Diese Informationen nutzen sie für kurzfristige Wettervorhersagen (zum Beispiel, dass es morgen regnen wird) und manchmal auch für langfristige Klimavorhersagen (zum Beispiel, dass der Meeresspiegel in den nächsten 50 Jahren ansteigen wird).

Naturforscher, Naturforscherin

Naturforscher und Naturforscherinnen sind Wissenschaftler, die die natürliche Umgebung erforschen. Insbesondere untersuchen sie, wie verschiedene Pflanzen- und Tierarten in ihrem natürlichen Lebensraum zusammenleben.

Physiker, Physikerin

Physiker und Physikerinnen untersuchen die Erscheinungen in der Natur und nutzen die Mathematik, um zu erklären, wie unsere Welt funktioniert. Dabei beschäftigen sie sich mit Themen wie Weltraumforschung, Atome, Schall und Licht. Physiker und Physikerinnen können viele verschiedene Berufswege einschlagen und zum Beispiel Lösungen für technische Probleme finden.

Pilot, Pilotin

Piloten und Pilotinnen fliegen Passagier- und Frachtflugzeuge über kurze und lange Strecken. Große Flugzeuge werden normalerweise von mindestens 2 Piloten oder Pilotinnen gesteuert, die sich während des Flugs abwechseln. Sie sind für die Sicherheit des Flugzeugs verantwortlich. Sie müssen darauf vorbereitet sein, bei Notfällen Ruhe zu bewahren und überlegt zu handeln.

Programmierer, Programmiererin

Programmierer und Programmiererinnen erstellen Anweisungen (Programme) für Computer. Diese Programme werden „Code" genannt. Programmierer und Programmiererinnen entwickeln, testen, warten und reparieren Computerprogramme. Viele von ihnen haben Informatik studiert, aber ihre Fähigkeiten werden zunehmend auch von Wissenschaftlern und Wissenschaftlerinnen sowie Technikern und Technikerinnen erlernt.

Raumfahrtingenieur, Raumfahrtingenieurin

Raumfahrtingenieure und Raumfahrtingenieurinnen planen, bauen und warten Flugzeuge, Raumfahrzeuge und Satelliten. Sie müssen bei ihrer Arbeit berücksichtigen, wie ihre Konstruktionen die Umwelt beeinflussen. Raumfahrtingenieure und Raumfahrtingenieurinnen brauchen umfassende mathematische Kenntnisse und die Fähigkeit, knifflige Probleme zu lösen.

Robotik-Techniker, Robotik-Technikerin

Robotik-Techniker und Robotik-Technikerinnen sind verantwortlich für die Entwicklung, den Bau und das Testen von Robotern. Roboter sind Maschinen mit einem gewissen Grad an künstlicher Intelligenz. Sie können so programmiert werden, dass sie bestimmte Aufgaben ausführen. Das sind oft Aufgaben, die sich immer wiederholen oder die für Menschen zu schwierig sind. Roboter werden in Fabriken, im Handel und in der Landwirtschaft eingesetzt.

Schiffbauingenieur, Schiffbauingenieurin

Schiffbauingenieure und Schiffbauingenieurinnen planen, bauen und reparieren Frachter und andere Schiffe, wie Fähren, U-Boote und Jachten. Sie sorgen dafür, dass ein Schiff sicher und stabil ist.

Statistiker, Statistikerin

Statistiker und Statistikerinnen gehen anhand von Zahlen Problemen auf den Grund und suchen nach geeigneten Lösungen. Sie veranschaulichen Informationen in klarer, verständlicher Weise, zum Beispiel anhand von Diagrammen und Tabellen. Manchmal verwenden sie statistische Modelle, um vorauszusagen, wie sich zukünftige Ereignisse entwickeln werden (zum Beispiel für die Wirtschaftsentwicklung oder das Klima).

Tontechniker, Tontechnikerin

Tontechniker und Tontechnikerinnen richten Klangsysteme ein und bedienen sie. Sie nehmen Klänge und Geräusche auf und bearbeiten sie für verschiedene Medien und Anlässe, wie Filme, Videospiele, Konzerte und Sportereignisse. Oft sind sie an der Entwicklung und Anwendung neuer tontechnischer Verfahren beteiligt.

Umweltwissenschaftler, Umweltwissenschaftlerin

Umweltwissenschaftler und Umweltwissenschaftlerinnen erforschen, welche Folgen die Aktivitäten von Menschen für die Umwelt haben. Dazu gehören Bereiche wie die Verschmutzung von Luft, Boden und Wasser. Sie finden Wege, um Risiken und Schäden für die Umwelt zu vermeiden, zum Beispiel durch die Wiederverwertung (Recycling) von Verpackungsmaterialien oder die Nutzung erneuerbarer Energien.

Wassertechniker, Wassertechnikerin

Wassertechniker und Wassertechnikerinnen sorgen dafür, dass Menschen immer reichlich sauberes Wasser haben. Sie planen und betreiben Einrichtungen der Wasserwirtschaft. Dazu gehört das Sammeln und Speichern von Wasser in Auffanganlagen oder Tanks, die Entsorgung von Abwässern und der Hochwasserschutz.

15-Minuten-Experimente

Grundschulkinder forschen in den MINT-Fächern

1. Luftbetriebenes Auto

Wie treibt man ein Auto mit einem Ballon an?

Anleitung

Achtung: Falls du Plastikdeckel als Räder benutzt, müssen Löcher für die Holzstäbe gebohrt werden. Dazu brauchst du die Hilfe einer erwachsenen Person.

1. Schneide den Boden für dein Auto aus einem Stück Pappe aus.
2. Befestige die Strohhalme mit Klebestreifen quer auf der Unterseite des Bodens – ein Strohhalm vorn, einer hinten. Das sind die Achsen (eine Achse ist eine Stange, die 2 Räder miteinander verbindet).
3. Schiebe die Holzstäbe durch die Strohhalm-Achsen und stecke die Räder auf die Enden der Holzstäbe.
4. Klebe den dritten Strohhalm längs auf die Oberseite des Bodens. Stecke ein Ende des Strohhalms in die Öffnung eines Luftballons. Verschließe die Öffnung luftdicht mit Klebestreifen.
5. Puste durch das andere Ende des Strohhalms, um den Ballon aufzublasen. Kneife den Strohhalm mit den Fingern zusammen, damit die Luft im Ballon bleibt.
6. Setze das Auto auf eine ebene Fläche und lasse den Strohhalm los. Los geht's! Miss die Entfernung, die das Auto zurückgelegt hat.

Du brauchst

- einen Luftballon
- Pappe
- 3 Strohhalme
- 2 dünne Holzstäbe
- 4 Räder (zum Beispiel Scheiben aus Pappe, Plastikdeckel von Flaschen, alte CDs)
- Klebestreifen
- eine Schere
- ein Maßband

Anregung:

Probiere verschiedene Materialien für die Räder oder unterschiedlichen Radgrößen aus. Was funktioniert am besten? Warum ist das so? Kannst du die Strecke, die dein Auto zurücklegen kann, vergrößern?

Für drinnen

Kannst du allein durchführen

Besondere Vorsicht!

Maschinenbauer, Maschinenbauerin

Physiker, Physikerin

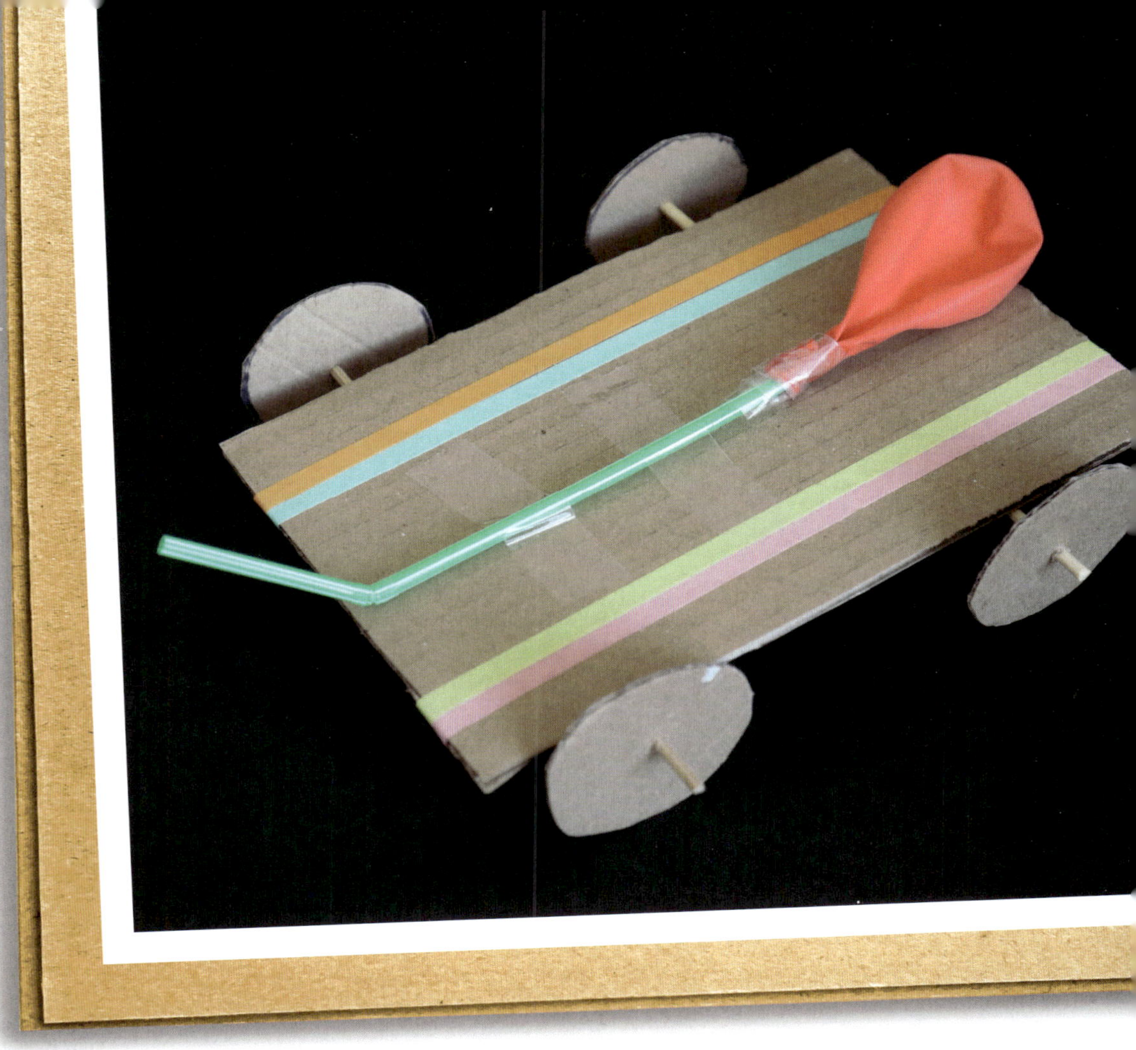

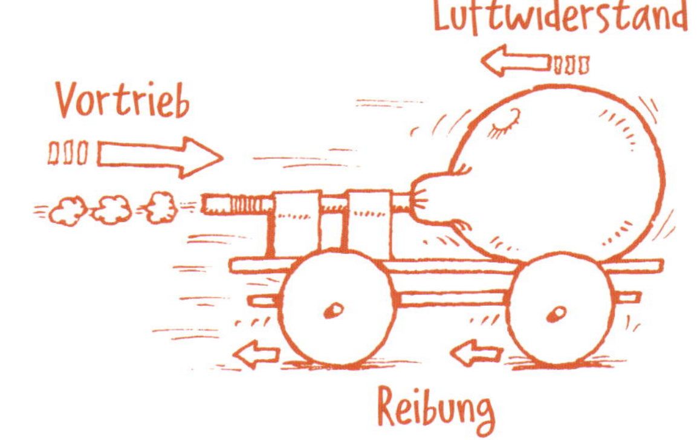

Weiterforschen:

Versuche, dein Auto so umzubauen, dass ein luftbetriebenes Boot daraus wird. Dazu brauchst du wasserfestes Material für den Boden deines Bootes, zum Beispiel einen Schwamm oder eine flache Plastikschale.

Was lernen wir?

Die Luft entweicht aus dem Ballon und treibt das Auto in die entgegengesetzte Richtung. Das ist das dritte newtonsche Gesetz oder das „Reaktionsprinzip" (auf jede Aktion folgt eine gleich große, entgegengerichtete Reaktion).

Dieselben Kräfte wirken bei einem Raketenstart. Die Rakete verbrennt Treibstoff, Gase werden ausgestoßen und treiben die Rakete nach oben (siehe auch Experiment 31, „Raketenrennen", S. 76/77).

2. Arktische Bautechnik

Warum werden Iglus in Form von Kuppeln gebaut?

Anleitung

1. Ordne zuerst die Marshmallows kreisförmig auf dem Teller an. Mit Zahnstochern hältst du sie zusammen.
2. Baue nun die Wand des Iglus in Schichten auf. Dabei baust du die Marshmallow-Kreise jedes Mal ein wenig enger. Die Wände des Iglus krümmen sich nach innen und bilden nach und nach eine Kuppel. Zum Schluss treffen die Marshmallows an der Spitze zusammen, sodass nur noch eine einzelne Reihe von Marshmallows Platz hat.
3. Schaue dir das Ergebnis deiner Arbeit genau an. Ist dein Iglu stabil? Wenn du ganz mutig bist, kannst du es noch einmal bauen und diesmal die Zahnstocher (Stützen) weglassen.

Du brauchst

- Marshmallows
- Zahnstocher
- einen großen Teller oder eine flache Schale

Weiterforschen:

Suche in deiner Umgebung nach Gebäuden mit Kuppeln oder Gewölben. Kannst du Schlusssteine entdecken?

Für drinnen

Kannst du allein durchführen

Architekt,
Architektin

Bautechniker,
Bautechnikerin

Was lernen wir?

Ein Iglu ist eine Hütte, die aus zusammengepresstem Schnee gebaut wird. Schnee eignet sich gut für den Bau eines Iglus, denn im Schnee sind winzig kleine Luftkammern. Sie wirken als Isolierung. Das bedeutet, dass die Wärme nicht von innen nach außen entweichen kann.
Iglus sind wie Kuppeln geformt. Das ist eine besonders stabile Form. Der letzte Schneeblock wird ganz oben eingesetzt. Er ist normalerweise größer als die Blöcke, aus denen die Wände gebaut sind. Man nennt ihn auch Schlussstein. Sein Gewicht drückt nach unten und hält die anderen Blöcke an ihrem Platz. Wir können bei dieser Aktivität ein bisschen mogeln, indem wir Zahnstocher als Stützen benutzen. Aber in echten Gebäuden genügt das Gewicht vom Schlussstein, um die Kuppel zusammenzuhalten.

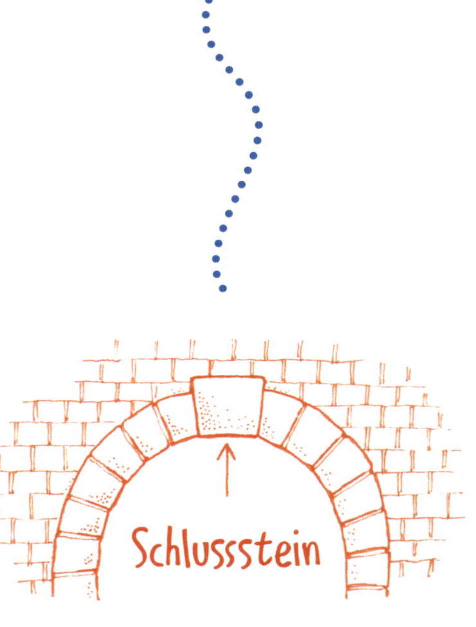

3. Seifenblasen-Geometrie

Wie können Technikerinnen und Techniker von der Natur lernen?

Anleitung

1. Gieße Wasser in eine Schüssel und verrühre es mit etwas Spülmittel. Jetzt hast du eine Seifenblasenflüssigkeit. Du kannst einen Teelöffel Glyzerin hinzufügen, damit die Lösung noch stärker wird.
2. Als Nächstes werden dreidimensionale geometrische Formen gebastelt, die man in die Seifenblasenflüssigkeit tauchen kann. Überlege dir, mit welchen Formen du experimentieren möchtest, zum Beispiel mit einem Würfel oder einer Pyramide.
3. Schneide jeden Trinkhalm in Viertel. Führe dann Pfeifenreiniger durch die Halme und biege sie zu den geometrischen Formen zurecht. Du kannst die Pfeifenreiniger auch benutzen, um einzelne Stücke miteinander zu verbinden.
4. Befestige zum Schluss einen Pfeifenreiniger an der fertigen Form. Er dient als Stiel, mit dem du die Form halten kannst.
5. Tauche die Form in die Seifenblasenlösung. Ziehe sie wieder heraus und überprüfe, ob du eine geometrische Seifenblase erhalten hast.
6. Schaue dir die Seifenblase genau an und puste sie dann in den Wind.

Du brauchst

- Trinkhalme
- Pfeifenreiniger
- Spülmittel
- Wasser
- eine Schüssel
- Glyzerin (wahlweise)

Für draußen

Kannst du allein durchführen

Architekt,
Architektin

Bautechniker,
Bautechnikerin

Weiterforschen:

Finde heraus, für welche anderen Bauformen die Natur als Vorbild dient. Du kannst dich auch über Frei Otto informieren. Das war ein deutscher Bautechniker und Architekt. Er beobachtete Seifenblasen und entwarf danach als Erster sogenannte Seilnetzkonstruktionen.

Was lernen wir?

Die geometrischen Seifenblasen sind Beispiele für Seilnetzkonstruktionen. Seilnetze werden gebaut, indem ein Baumaterial zwischen 2 oder mehreren Ankerpunkten gespannt und gehalten wird. Berühmte Beispiele hierfür sind der Millenium Dome in London oder das Dach des Olympiastadions in München. Mit solchen Konstruktionen kann man große Flächen überdachen. Sie benötigen nur wenig Baumaterial und sind sehr leicht. Die Seifenblasenflüssigkeit in unseren geometrischen Formen spannt sich zwischen den Trinkhalmen auf ähnliche Weise wie das Baumaterial in Seilnetzkonstruktionen.

4. Zum Schießen: ein Katapult

Wie baut man ein Katapult, mit dem man ein Geschoss weg-schleudern kann?

Anleitung

1. Binde 6 Eisstiele mit Gummibändern an beiden Enden fest zusammen. Das wird der Querbalken des Katapults.
2. Nimm die beiden anderen Eisstiele. Das sind die Hebelarme des Katapults. Binde sie an einem Ende mit einem Gummiband zusammen. Lege den Querbalken waagerecht vor dich hin. Nun schiebe den Querbalken so zwischen die Hebelarme, dass der Querbalken und die Hebelarme über Kreuz liegen. Jetzt werden der Querbalken und die Hebelarme in dieser Position fixiert. Dazu wickelst du Gummibänder kreuzweise um die Stelle, an der sich Querbalken und Hebelarme überkreuzen.
3. Zum Schluss befestigst du den Plastiklöffel auf dem oberen Hebelarm. Dazu benutzt du wieder Gummibänder.
4. Halte mit einer Hand das Katapult auf dem Tisch fest. Lege mit der anderen Hand ein Geschoss auf den Löffel. Biege den Hebelarm mit dem Finger nach unten. Lasse den Hebelarm los und miss mit einem Maßband, wie weit das Geschoss geflogen ist.
5. Kannst du dein Katapult so verbessern, dass das Geschoss noch weiter fliegt? Was ist der beste Abschusswinkel?

Du brauchst

- 8 Eisstiele
- Gummibänder (viele!)
- einen Plastiklöffel
- ein Maßband
- weiche Gegenstände als Geschosse (zum Beispiel Marshmallows oder Wattebäuschchen)

Für drinnen

Kannst du allein durchführen

Physiker,
Physikerin

Maschinenbauer,
Maschinenbauerin

Anregung:

Bringe dein Katapult nun in eine andere Position, um zu sehen, wie hoch dein Katapult schießen kann. Dazu kannst du das Geschoss gegen eine Wand schleudern und feststellen, in welcher Höhe es auftrifft.

Weiterforschen:

Finde heraus, wie Katapulte in der Antike und im Mittelalter vom Militär verwendet wurden.

Was lernen wir?

Ein Katapult ist eine Wurfmaschine, mit der ein Geschoss (ein Gegenstand) über eine bestimmte Entfernung geschleudert wird. Früher wurden Katapulte im Krieg eingesetzt. Wenn wir unser Katapult vor dem Abschuss biegen, wird durch die Spannung in den Gummibändern Energie aufgebaut. Wenn wir den Hebelarm loslassen, wird die Energie im Löffel in Bewegungsenergie umgewandelt und auf das Geschoss übertragen. Gleichzeitig entsteht etwas Wärmeenergie in den Gummibändern.

5. Schatten jagen

Wie verändern sich Schatten im Laufe des Tages?

Anleitung

Achtung: Für diesen Versuch muss während des ganzen Tages die Sonne scheinen. Der Versuch wird im Laufe des Tages fortgesetzt.

1. Beginne frühmorgens mit dem Versuch. Gehe nach draußen und suche dir einen Platz auf einem harten, trockenen Untergrund (zum Beispiel der Asphalt auf dem Schulhof oder in einer Einfahrt). Stelle dich an deinen gewählten Platz und entscheide, in welche Richtung du schauen willst. Bitte einen Teampartner oder eine Teampartnerin, den Umriss von deinem Schatten mit Kreide nachzuzeichnen.
2. Miss die Länge deines Schattens und stelle fest, in welcher Position er sich befindet. Vor oder hinter dir? Rechts oder links von dir? Du kannst auch den Winkel im Verhältnis zu deiner Blickrichtung bestimmen. Notiere die Uhrzeit.
3. Bestimme, in welchen Zeitabständen du die Position deines Schattens im Laufe des Tages überprüfen willst (zum Beispiel stündlich).
4. Kehre in regelmäßigen Zeitabständen zu deinem Standort zurück und überprüfe die Position deines Schattens. Stelle dich dabei jedes Mal genau an dieselbe Stelle, mit den Füßen in dieselbe Richtung. Notiere deine Beobachtungen.

Anregung:

Kinder im 1. und 2. Schuljahr können das Abmessen weglassen und bei jeder Überprüfung ihre Schatten in verschiedenen Farben nachzeichnen.

Du brauchst

- Kreide
- ein Maßband
- eine Uhr
- ein Klemmbrett
- Papier
- einen Stift

Wird später fortgeführt

Für draußen

Kann im Team durchgeführt werden

Astronom,
Astronomin

Meteorologe,
Meteorologin

Weiterforschen:

Eine Sonnenuhr ist ein Zeitmesser, der die Uhrzeit anhand der Position der Sonne am Himmel anzeigt. Finde heraus, wie Sonnenuhren funktionieren. Kannst du selbst eine Sonnenuhr aus Naturmaterialien bauen?

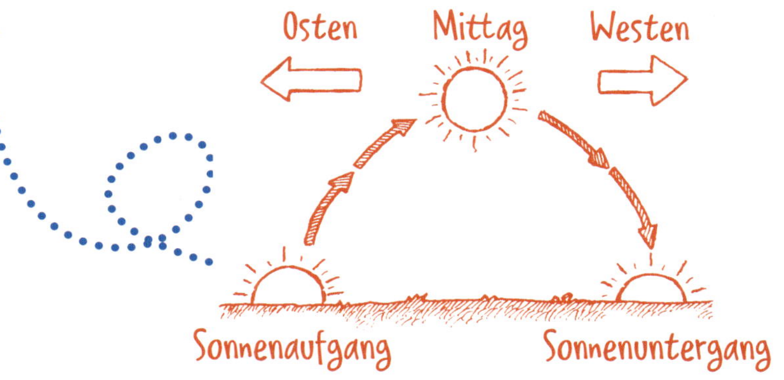

Was lernen wir?

Ein Lichtstrahl bewegt sich in gerader Linie. Wenn man ein Objekt oder eine Person in den Weg des Lichtstrahls stellt, wird ein Teil des Lichts blockiert und es entsteht ein Schatten.

Während die Erde sich im Laufe des Tages dreht, verändert sich die Position der Sonne am Himmel. Damit ändern sich auch die Länge und die Position von Schatten. Morgens ist dein Schatten länger und zeigt nach Westen. Mittags steht die Sonne direkt über dir und dein Schatten ist sehr kurz. Nachmittags wird dein Schatten wieder länger und zeigt nach Osten.

6. Tanzendes Salz

Wie kommt Schall von einem Ort zum anderen?

Anleitung

Die besten Versuchsergebnisse erhält man mit einem kabellosen Lautsprecher (zum Beispiel einem Bluetooth-Lautsprecher für das Handy). Wenn du so einen Lautsprecher hast, lege ihn in die Schüssel, bevor du sie mit Frischhaltefolie abdeckst. Wenn du so einen Lautsprecher nicht hast, kannst du auch jeden anderen Lautsprecher verwenden, zum Beispiel von einem CD-Player.

1. Spanne die Frischhaltefolie straff über die Schüssel.
2. Platziere eine kleine Menge Salz vorsichtig in der Mitte der Frischhaltefolie. Das Salz kannst du vorher mit Lebensmittelfarbe einfärben. So kannst du den Effekt noch deutlicher sehen.
3. Halte oder lege den Lautsprecher (zum Beispiel von einem CD-Player) an die Schüssel. Schalte den CD-Player ein und spiele Musik. Halte den Lautsprecher in verschiedenen Positionen an die Schüssel (zum Beispiel seitlich, mit der Hinterseite, mit der Vorderseite). Wann vibriert das Salz am stärksten? Achte dabei darauf, dass keine Salzkörnchen in den Lautsprecher fallen.
4. Beobachte, was mit den Salzkörnern passiert, wenn du die Lautstärke veränderst. Welche Art von Musik lässt das Salz am besten tanzen? In welchen verschiedenen Mustern bewegt sich das Salz?

Du brauchst

- eine große Schüssel
- Frischhaltefolie
- Salz
- einen Lautsprecher (z.B. einen Bluetooth-Lautsprecher)
- Lebensmittelfarbe (wahlweise)
- körnige Zutaten unterschiedlicher Größe, zum Beispiel Reis, Zucker oder Sago

Für drinnen

Kannst du allein durchführen

Besondere Vorsicht!

Tontechniker,
Tontechnikerin

Physiker,
Physikerin

Weiterforschen:

Wiederhole den Versuch. Nimm dazu Zutaten mit verschieden großen Körnern (zum Beispiel Reis, Zucker oder Sago). Wie bewegen sich diese verschieden großen Teilchen? Vibrieren sie auf dieselbe oder auf unterschiedliche Weise?

Was lernen wir?

Der Lautsprecher produziert Schallwellen. Eine Schallwelle entsteht, wenn Luft für kurze Zeit zusammengedrückt wird. Diese Veränderungen des Luftdrucks bewegen sich durch den Raum, wobei sie Energie übertragen. In deinem Versuch verlassen die Schallwellen den Lautsprecher, treffen auf die Schüssel und die Frischhaltefolie und lassen sie vibrieren. Das wiederum lässt das Salz vibrieren oder „tanzen“. Die Vibrationen veranlassen das Salz, sich auf verschiedene Weise zu bewegen – je nach Schallwellenfrequenz (Zahl der Schallwellen pro Sekunde) und der Lautstärke jeder Schallwelle.

7. Formen & Muster in der Natur

Welche Formen und Muster kommen in unserer natürlichen Umgebung vor?

Anleitung

1. Mache draußen einen Spaziergang und suche in der Natur nach Formen und Mustern. Halte besonders genau Ausschau nach
   - symmetrischen Formen – Man findet sie zum Beispiel bei Blüten oder Schmetterlingsflügeln.
   - Spiralen – Beispiele dafür sind Schneckenhäuser und Wasser, das durch ein Loch abfließt.
   - Mosaiken: Baumrinde oder die Schuppen eines Fisches können wie Mosaike angeordnet sein.
2. Betrachte deine Entdeckungen durch ein Vergrößerungsglas. Dann nimm davon ein Foto auf. Kannst du dir vorstellen, warum es so viele Beispiele für Formen und Muster in der Natur gibt?

Anregung:

Die Fibonacci-Folge ist eine Zahlenfolge, bei der jede Zahl aus der Summe der beiden vorangegangenen Zahlen besteht: 0, 1, 1, 2, 3, 5, 8, 13 usw. Schaue dir Blütenblätter an einer Blüte, Fruchtstände, einen spiraligen Tannenzapfen oder ein Schneckenhaus genau an. Das sind alles Beispiele für das Vorkommen der Fibonacci-Folge in der Natur.

Du brauchst

- eine Kamera
- ein Vergrößerungsglas

Für draußen

Kannst du allein durchführen

Besondere Vorsicht!

Mathematiker, Mathematikerin

Naturforscher, Naturforscherin

Weiterforschen:

Architekten und Architektinnen finden ihre Ideen oft in der Natur, wenn sie ein neues Bauprojekt planen. Finde heraus, wie Symmetrie, Spiralen und Mosaike in der Architektur verwendet werden.

Was lernen wir?

Überall in der natürlichen Umgebung kommen symmetrische Formen und Muster, Spiralen und Mosaike vor. In der Mathematik und in anderen Wissenschaften wird versucht, das Vorkommen solcher Muster in der Natur zu erklären. Ein Muster ist dann symmetrisch, wenn man eine Linie durch die Mitte zieht und das Muster auf beiden Seiten der Linie genau gleich aussieht. Eine Spirale ist eine Kurve, die sich gleichmäßig um einen Mittelpunkt windet. Ein Muster wird dann als Mosaik bezeichnet, wenn seine einzelnen Teile perfekt zusammenpassen und es keine Lücken oder Überschneidungen gibt.

8. Floßbau

Wie kann man aus Naturmaterialien ein Floß bauen?

Anleitung

Achtung: Du brauchst eventuell die Hilfe einer erwachsenen Person, um die Zweige auf die passende Länge zu brechen und sie zusammenzubinden.

1. Stelle dir vor, du bist auf einer einsamen Insel gestrandet. Welche Naturmaterialien kannst du nutzen, um ein Rettungsfloß zu bauen?
2. Mache draußen einen Spaziergang und sammle Zweige. Falls nötig, brich sie in kürzere Stücke, damit sie die passende Länge haben. Dabei kann dir eine erwachsene Person helfen.
3. Wähle 2 deiner Zweige als Querbalken aus. Sie werden an den gegenüberliegenden Enden des Floßes befestigt. Die anderen Zweige dienen als Deckbalken.
4. Lege einen deiner Querbalken so unter einen Deckbalken, dass ein „L“ entsteht. Achte darauf, dass die Enden der beiden Hölzer etwas überstehen. Dann wird Bindfaden kreuzweise um die Verbindungsstelle gewickelt, damit die Hölzer zusammenhalten.
5. Befestige nun den anderen Querbalken auf dieselbe Art am anderen Ende des Deckbalkens. Binde einen weiteren Deckbalken an den anderen Enden der beiden Querbalken fest. Jetzt hast du einen viereckigen Rahmen für dein Floß.
6. Aus den übrigen Deckbalken setzt du das Deck zusammen und bindest sie mit Bindfaden zusammen.
7. Teste dein Floß in einer Schüssel mit Wasser. Schwimmt es? Wenn nicht, wie kannst du dein Floß so verbessern, dass es schwimmt?

Du brauchst

- Zweige
- Bindfaden
- eine Schüssel
- Wasser
- Blätter (wahlweise)
- Münzen (wahlweise)
- eine Schere

Für draußen

Besondere Vorsicht!

Kannst du allein durchführen

Kann im Team durchgeführt werden

Matrose,
Matrosin

Schiffbauingenieur,
Schiffbauingenieurin

Weiterforschen:

Finde heraus, wie viel dein Floß tragen kann, indem du zusätzliche Gewichte darauflegst (zum Beispiel Münzen). Wie kannst du dein Floß so verändern, dass es eine größere Last tragen kann?

Anregung:

Dein Floß kann auch noch einen Mast aus einem Zweig mit einem Segel aus einem Blatt bekommen. Wie wirkt sich der Mast auf das Gleichgewicht des Floßes aus?

Was lernen wir?

Ein Floß ist die einfachste Form eines Bootes. Flöße wurden früher aus Holz gebaut, weil dieses Material in der Natur reichlich vorkommt. Holz schwimmt, weil es eine geringere Dichte hat als Wasser (siehe auch Experiment 38, „Frachter aus Alufolie“, S. 90/91).

9. Wassertropfen-Wette

Wie viele Wassertropfen passen auf eine Münze?

Anleitung

1. Schließe mit dir selbst eine Wette ab: Wie viele Wassertropfen passen auf eine Münze? Notiere deine Schätzzahl, damit du hinterher prüfen kannst, wie genau deine Schätzung war.
2. Lege ein Stück Papiertuch auf eine flache Oberfläche und lege deine Münze darauf.
3. Sauge mit der Pipette Wasser an, bis sie voll ist. Dann drücke vorsichtig einzelne Wassertropfen aus der Pipette und setze sie in die Mitte der Münze. Zähle die Anzahl der Tropfen und notiere das Ergebnis anhand einer Strichliste (ein Strich pro Tropfen).
4. Setze den Versuch fort, bis das Wasser über den Rand der Münze läuft.
5. Wie viele Wassertropfen hatten auf der Münze Platz? Wie genau war deine Schätzung?

Du brauchst

- ein Geldstück, zum Beispiel eine 5-Cent-Münze
- eine Pipette
- Papiertücher, zum Beispiel von einer Küchenrolle
- Wasser
- zum Vergleichen eine weitere Flüssigkeit, zum Beispiel Pflanzenöl (wahlweise)

Weiterforschen:

Welche Seite der Münze hält mehr Wassertropfen – die Seite mit der Zahl oder die Seite mit der Abbildung? Erhältst du dasselbe Ergebnis (Anzahl der Tropfen), wenn du eine andere Flüssigkeit benutzt, zum Beispiel Pflanzenöl?

Für drinnen

Kannst du allein durchführen

Chemiker,
Chemikerin

Physiker,
Physikerin

Was lernen wir?

Während mehr und mehr Wassertropfen auf die Münze gesetzt werden, bildet die Flüssigkeit eine Wölbung. Die Wassermoleküle ziehen sich gegenseitig an und vereinigen sich zu einem einzigen großen Tropfen. Der Wassertropfen hat eine Eigenschaft, die man Oberflächenspannung nennt. Sie bewirkt, dass die Wasseroberfläche so klein wie möglich gehalten wird. Daher bildet sich die Wölbung. Die Oberflächenspannung sorgt auch dafür, dass das Wasser nicht über den Rand der Münze läuft. Je mehr Wasser jedoch hinzugefügt wird, desto schwerer wird der Tropfen auf der Münze und desto stärker zieht die Schwerkraft daran. Schließlich ist die Schwerkraft stärker als die Oberflächenspannung und das Wasser läuft über.

10. Eier-Fallschirm

Kann man ein Ei fallen lassen, ohne dass es kaputtgeht?

Anleitung

Achtung: Der Eier-Fallschirm sollte draußen ausprobiert werden, falls das Ei beim Versuch zerbricht.

1. Aufgabe: Einen Fallschirm basteln, der ein Ei sicher zu Boden sinken lässt, ohne dass es kaputtgeht. Bereite dafür aus den Bastelmaterialien zuerst einen sicheren, gepolsterten Behälter für das Ei vor.
2. Aus der Plastiktüte oder dem Stück Plastikplane fertigst du dann den Fallschirm an. Knote mehrere, gleich lange Stücke Schnur an den Ecken der Plastikplane oder am Rand der Plastiktüte fest. Befestige die losen Enden der Schnüre am Eierbehälter.
3. Gehe mit deinem Fallschirm nach draußen, lege das Ei in den Behälter und lasse den Fallschirm aus geringer Höhe fallen. Fertige weitere, unterschiedliche Fallschirme an und probiere sie aus. Welcher funktioniert am besten? Warum?

Anregung:

Du kannst die Aufgabe noch spannender machen, indem du bestimmte Bedingungen für den Fallschirm festlegst. Beispiel: Du darfst höchstens 3 Materialien für den Eier-Behälter verwenden.

Du brauchst

- ein Ei
- Bastel- oder Verpackungsmaterial (zum Beispiel Pappe, Papiertuch, Styropor)
- eine Plastiktüte oder ein Stück Plastikplane
- Schnur
- Klebestreifen
- eine Schere

Für draußen

Kannst du allein durchführen

Kann im Team durchgeführt werden

Raumfahrtingenieur, Raumfahrtingenieurin

Physiker, Physikerin

Weiterforschen:

Finde heraus, welche verschiedenen Materialien als Verpackung verwendet werden, um zerbrechliche Dinge zu schützen. Welche Materialien eignen sich am besten und warum?

Was lernen wir?

Wenn ein Ei hochgehoben wird, wird ihm durch die Bewegung gegen die Schwerkraft potenzielle Energie zugeführt: Je höher das Ei gehoben wird, desto mehr potenzielle Energie sammelt es an. Wird das Ei fallen gelassen, wird diese potenzielle Energie in Bewegungsenergie (kinetische Energie) umgewandelt. Wenn das Ei auf dem Boden auftrifft, muss diese Energie irgendwohin geleitet werden. Sie gelangt in das Ei und die Eierschale zerbricht.

Der Fallschirm verlangsamt die Fallgeschwindigkeit, verringert die Bewegungsenergie und schützt so das Ei. Der gepolsterte Behälter absorbiert die kinetische Energie beim Aufprall auf dem Boden. Dadurch kann diese Energie die zerbrechliche Eierschale nicht erreichen.

11. Feuerwerk im Marmeladenglas

Was passiert, wenn man Flüssigkeiten mit verschiedener Dichte vermischt?

Anleitung

1. Gieße warmes Wasser in das Marmeladenglas, sodass oben ein paar Zentimeter Platz bleiben.
2. Füge eine Schicht Pflanzenöl hinzu (etwa 2 cm hoch). Du kannst sehen, dass das Öl oben auf dem Wasser schwimmt.
3. Füge der Ölschicht ein paar Tropfen Lebensmittelfarbe in verschiedenen Farben hinzu. Dazu kannst du entweder Tropfen aus der Tube drücken oder eine Pipette benutzen. Je größer der Tropfen ist, desto schneller sinkt er durch das Öl.
4. Beobachte, wie die Farbtropfen in das Wasser sinken und sich vermischen wie ein buntes Feuerwerk.

Du brauchst

- ein sauberes Marmeladenglas
- warmes Wasser
- Pflanzenöl
- Lebensmittelfarbe (verschiedene Farben)
- eine Pipette (wahlweise)
- andere Flüssigkeiten zum Vergleich, zum Beispiel Honig oder Milch (wahlweise)

Für drinnen

Kannst du allein durchführen

Chemiker,
Chemikerin

Erdölgeologe,
Erdölgeologin

Weiterforschen:

Wiederhole den Versuch mit anderen Flüssigkeiten, wie zum Beispiel Honig oder Milch. Wie verhalten sie sich im Vergleich zu Wasser und Pflanzenöl?

Was lernen wir?

Dichte ist die Masse eines Objekts geteilt durch sein Volumen. Einfacher gesagt: Dichte ist die Menge von einem bestimmten Material, die in einen begrenzten Raum passt. Manche Materialien sind im Vergleich zu ihrer Größe sehr leicht, andere sehr schwer. Beispiel: Ein Ziegelstein und ein Schwamm können gleich groß sein, aber der Schwamm ist viel leichter. Das liegt daran, dass der Schaumstoff des Schwamms weniger dicht ist als der kompakte Ziegel. Öl ist weniger dicht als Wasser. Also ist es leichter und schwimmt auf dem Wasser. Die Farbtropfen sinken in das Wasser, weil sie dichter und deshalb schwerer sind als das Öl. Im Wasser breiten sie sich vollkommen aus. Man sagt auch, dass sie „diffundieren“. Das sieht dann wie ein Feuerwerk aus.

12. Blanke Münzen

Wie bringt man angelaufene Münzen wieder zum Glänzen?

Anleitung

Achtung: Diese Aktivität wird während des ganzen Tages fortgeführt.

1. Gieße von jeder Flüssigkeit eine kleine Menge in jeweils eine Schale und beschrifte die Schalen.
2. Lege in jede Schale eine angelaufene Kupfermünze.
3. Lasse die Münzen für 10 Minuten in den Flüssigkeiten liegen. Nimm sie dann heraus und schaue sie dir an. Was stellst du fest? Wie sehen die Münzen jetzt aus?
4. Lege jede Münze in dieselbe Schale zurück und lasse sie längere Zeit darin liegen (zum Beispiel eine Stunde).
5. Nimm die Münzen zum Schluss heraus und spüle sie unter fließendem Wasser ab. Welche Flüssigkeit hat die beste Wirkung erzielt?

Anregung:

Wiederhole den Versuch mit Essig und füge diesmal ein wenig Salz hinzu. Wie schnell läuft die Reaktion nun ab?

Du brauchst

- angelaufene Kupfermünzen
- verschiedene säurehaltige Flüssigkeiten (zum Beispiel Zitronensaft, Essig, Cola)
- kleine Schalen (eine Schale pro Flüssigkeit)
- Wasser
- Salz (wahlweise)

Wird später fortgeführt

Für drinnen

Kannst du allein durchführen

Chemiker,
Chemikerin

Architekt,
Architektin

Weiterforschen:

Mache einen Spaziergang in deiner näheren Umgebung. Achte darauf, ob du an Gebäuden Kupfer finden kannst, das grün angelaufen ist. Die Dächer von Kirchen werden oft mit Kupfer gedeckt.

Was lernen wir?

Die Münzen bestehen zum Teil aus einem Metall, das Kupfer genannt wird. Mit der Zeit reagiert die Oberfläche der Kupfermünze mit dem Sauerstoff in der Luft und bildet Kupferoxid (man sagt auch: sie „oxidiert“). Das Kupferoxid färbt das Metall grün. Wenn man angelaufene Münzen in säurehaltige Flüssigkeiten, wie zum Beispiel Essig oder Zitronensaft, legt, löst die Säure das Kupferoxid auf. Dadurch werden die Münzen wieder glänzend. Salz kann diese Reaktion beschleunigen.

Dieselbe oxidierende Reaktion geschieht an Bauwerken oder Denkmälern, bei denen Kupfer verwendet worden ist. Ein berühmtes Beispiel ist die Freiheitsstatue in New York.

13. Blattformen sortieren

Wie viele Blätter in verschiedenen Formen kannst du finden?

Anleitung

Achtung: Diese Aktivität wird am besten im Herbst durchgeführt.

1. Mache zunächst einen Spaziergang und sammle verschiedene Blätter. Achte darauf, nur Blätter zu sammeln, die am Boden liegen.
2. Sortiere die Blätter entsprechend den Blattformen auf der Sortiervorlage. Du kannst dir auch selbst einfachere Kategorien für das Sortieren überlegen, zum Beispiel Größe oder Farbe der Blätter.
3. Nach dem Sortieren werden die Funde ausgewertet (zum Beispiel Gesamtzahl der Blätter, Anzahl der Blattsorten, verschiedene Baumarten usw.).

Weiterforschen:

Entscheide, welches Blatt aus deiner Sammlung dir am besten gefällt, und finde heraus, von welcher Baumart es stammt. Dafür kannst du ein Bestimmungsbuch oder auch eine App benutzen.

Du brauchst

- einen Papierbogen in der Größe DIN A3 zum Sortieren der Blattformen (siehe Sortiervorlage S. 98)
- ein Buch oder eine App über Bäume

Für draußen

Kannst du allein durchführen

Kann im Team durchgeführt werden

Dendrologe, Dendrologin

Botaniker, Botanikerin

Blattform

elliptisch

oval

handförmig

eiförmig

umgekehrt eiförmig

herzförmig

lanzettlich

linear

Blattränder

ganzrandig

gesägt

gezahnt

gelappt

Was lernen wir?

Die wissenschaftliche Erforschung von Bäumen und Blättern nennt man Baumkunde oder Dendrologie. Dabei werden Blätter auf viele verschiedene Arten klassifiziert, auch entsprechend der Blattform und dem Aussehen der Blattränder.

Die Blätter eines Baums oder einer Pflanze können sich in Aussehen und Größe etwas unterscheiden. Trotzdem haben sie immer ungefähr dieselbe Grundform.

14. Brücke aus Eisstielen

Welche Brückenbauweise ist am stabilsten?

Anleitung

1. Du kennst bestimmt einige Brücken, die sich entweder in deiner Umgebung befinden oder die du unterwegs gesehen hast. Wie sehen diese Brücken aus? Woraus sind sie gebaut? Wie sind sie konstruiert?
2. Baue aus den Eisstielen eine Brücke, die einen Abstand von 30 cm überbrückt, zum Beispiel zwischen 2 Stühlen oder Tischen gleicher Höhe. Du kannst dir aussuchen, wie die Eisstiele zusammengehalten werden. Dazu kannst du verschiedene Materialien verwenden (Klebstoff, Knetgummi oder Klebeband). Am besten fertigst du zuerst die Fahrbahnplatte der Brücke an. Achte darauf, dass Klebstoff Zeit zum Trocknen braucht und du deshalb die Brücke nicht sofort ausprobieren kannst!
3. Wenn die Brücke fertig ist, teste sie mit Spielzeugautos. Wie viel Gewicht kann die Brücke aushalten?
4. Ist deine Brücke belastbar? Wenn nicht, wie kannst du sie verbessern? Kann die Brücke durch eine andere Bauart mehr Spielzeugautos tragen?

Du brauchst

- Eisstiele
- Klebstoff
- Knetgummi
- festes Klebeband (zum Beispiel Abklebeband)
- Spielzeugautos
- ein Maßband

Für drinnen

Kannst du allein durchführen

Kann im Team durchgeführt werden

Architekt,
Architektin

Bautechniker,
Bautechnikerin

Weiterforschen:

Informiere dich über folgende Bauformen von Brücken: Balkenbrücke, Hängebrücke, Fachwerkbrücke und Bogenbrücke. Finde für jeden Brückentyp ein berühmtes Beispiel.

Was lernen wir?

Wenn Eisstiele so zusammengefügt werden, dass sie sich überlappen oder überkreuzen, wird die Fahrbahnplatte der Brücke tragfähiger. Manche Bauformen sind belastbarer als andere. Beispiel: Eine Fachwerkbrücke ist aus Dreiecken konstruiert, die das Gewicht verteilen. Auf diese Weise wird die Brücke belastbarer, als wenn sie aus Quadraten oder Rechtecken besteht. Mehr Eisstiele zu verwenden, macht die Brücke nicht unbedingt stabiler. Sie machen die Konstruktion sogar schwerer!

15. Magische Milch

Wieso wird benutztes Geschirr durch Spülmittel wieder sauber?

Anleitung

1. Gieße ein wenig Milch in die Schüssel, sodass der Boden bedeckt ist.
2. Setze mit einer Pipette Tropfen von verschiedenen Lebensmittelfarben auf die Oberfläche der Milch. Achte darauf, jeden Tropfen ungefähr in die Mitte der Schüssel zu setzen.
3. Tauche ein Wattestäbchen in das Spülmittel.
4. Halte das Wattestäbchen mit dem Spülmittel für etwa 15 Sekunden in die Mitte der Milch.
5. Beobachte, was passiert!
6. Finde heraus, ob sich die Geschwindigkeit der Reaktion und der Verlauf der Farben ändern, wenn du mehr Spülmittel benutzt.

Du brauchst

- Vollmilch
- Spülmittel
- eine Schüssel
- eine Pipette
- Lebensmittelfarbe
- Wattestäbchen
- halbfette Milch (wahlweise)

Weiterforschen:

Wiederhole den Versuch mit halbfetter Milch. Verläuft die Reaktion jetzt anders? Woran könnte das liegen?

Für drinnen

Kannst du allein durchführen

Chemiker,
Chemikerin

Farbtechniker,
Farbtechnikerin

Was lernen wir?

Milch besteht zum größten Teil aus Wasser, aber sie enthält auch Vitamine, Mineralstoffe, Eiweiße und winzige Fetttröpfchen. Spülmittel ist so beschaffen, dass es Fett zersetzen kann. Wenn man das Spülmittel auf die fetthaltige Milch gibt, sieht man eine chemische Reaktion. Flüssigkeiten, wie Wasser und Milch, haben Oberflächenspannung. Das bedeutet, dass die Moleküle der Flüssigkeiten fest aneinanderhaften und eine Art „Haut“ auf der Oberfläche bilden. Wenn man Spülmittel dazugibt, wird die Oberflächenspannung aufgelöst. Das setzt die Lebensmittelfarbe frei und die Farben „platzen“ auseinander.

16. Kugelbahn-Chaos

Was passiert mit einer Murmel, wenn sie durch eine Kugelbahn rollt?

Anleitung

1. Suche dir eine ebene, senkrechte Fläche zum Anbringen deiner Kugelbahn (zum Beispiel eine Wand).
2. Schneide jede Pappröhre halb durch. Das sind die Bauteile für die Schrägen und Schwellen in der Kugelbahn. Du kannst die Pappröhren unterschiedlich lang schneiden, um die Kugelbahn möglichst abwechslungsreich zu gestalten.
3. Befestige zuerst das oberste Stück Pappröhre an der Wand. Dazu benutzt du am besten wiederverwendbares Klebeband, das du hinterher leicht ablösen kannst. Bringe die Pappröhre so an, dass sie leicht nach unten geneigt ist.
4. Bringe die nächste Pappröhre an und setze so den Bau der Kugelbahn Stück für Stück fort. Verändere dabei den Neigungswinkel der Pappröhren, damit die Kugel unterschiedlich schnell rollt.
5. Überprüfe beim Bauen den Verlauf deiner Kugelbahn. Achte darauf, dass die Murmel abwärtsrollen kann.
6. Probiere deine Kugelbahn aus. Funktioniert sie?

Anregung:

Baue eine Kugelbahn, die so lang ist, dass eine Murmel genau 30 Sekunden für einen Durchlauf benötigt. Dafür brauchst du sehr viele Pappröhren!

Du brauchst

- Pappröhren (zum Beispiel von Küchenpapier)
- eine Schere
- wiederverwendbares Klebeband
- eine Murmel
- eine Stoppuhr (wahlweise)

Für drinnen

Kannst du allein durchführen

Kann im Team durchgeführt werden

Physiker,
Physikerin

Maschinenbauer,
Maschinenbauerin

Weiterforschen:

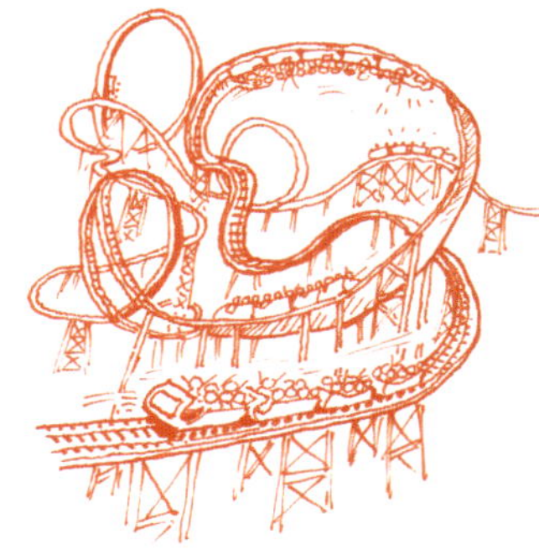

Achterbahnen nutzen Höhe, um möglichst viel potenzielle Energie zu gewinnen. Wenn mit hoher Geschwindigkeit durch eine Achterbahn gefahren wird, erzeugt das in den Fahrgästen oft starke Empfindungen und Reaktionen. Dafür sorgen unterschiedliche physikalische Kräfte, die bei einer Achterbahn wirken. Finde heraus, um welche Kräfte es sich handelt.

Was lernen wir?

Bevor die Murmel am Beginn der Kugelbahn losgelassen wird, hat sie durch das Hochheben viel potenzielle Energie aufgenommen. Während die Murmel durch die Pappröhren rollt, wird diese potenzielle Energie in Bewegungsenergie (kinetische Energie) umgewandelt. Die Schwerkraft zieht die Murmel nach unten. Durch die Schwerkraft würde die Murmel sofort herunterfallen, aber die Neigungen der Kugelbahn führen die Murmel in Kurven abwärts. Die Bewegung der Murmel auf der Pappe erzeugt eine Gegenkraft, die man Reibung nennt. Durch die Reibung wird die Murmel langsamer. Damit die Kugelbahn funktionieren kann, muss man auf den Neigungswinkel der Pappröhren achten. Je größer die Neigung, desto schneller rollt die Murmel.

17. Bauen mit Marshmallows

Wie kann man mit Marshmallows und Spaghetti einen hohen Turm bauen?

Anleitung

1. Überlege zunächst allein oder mit deinen Teammitgliedern, wie man den Turm am besten bauen kann. Dann wird der Küchenwecker auf 15 Minuten gestellt. Eventuell kann eine erwachsene Person dabei helfen, die Zeit im Auge zu behalten.
2. Fertige zuerst eine stabile Basis für den Turm an. Setze die Basis aus Spaghetti und Marshmallows zusammen. Dabei werden die Spaghetti in Marshmallows gesteckt. Die Marshmallows werden so zu Verbindungsstücken. Wenn die Basis fertig ist, baue den Turm auf dieselbe Weise in die Höhe.

Hinweis: Nimm immer 2 Spaghetti für ein Teilstück (Strebe), damit der Turm stabiler wird. Konstruiere den Turm aus Dreiecken.

3. Achte beim Bau des Turms darauf, dass er nach oben hin schmaler wird.
4. Wenn die Zeit abgelaufen ist, benutze ein Maßband, um festzustellen, wie hoch der Turm geworden ist.

Anregung:

Probiere verschiedene Bauweisen aus und überlege, warum manche stabiler sind als andere.

Du brauchst

- Spaghetti
- Marshmallows
- ein Maßband
- einen Küchenwecker

Für drinnen

Kannst du allein durchführen

Kann im Team durchgeführt werden

Architekt, Architektin

Bautechniker, Bautechnikerin

Weiterforschen:

Finde heraus, wie Dreiecke in der Architektur eingesetzt werden. Dazu kannst du dich über berühmte Beispiele informieren, wie den Eiffelturm in Paris oder die „Mathematiker-Brücke" in Cambridge.

Was lernen wir?

Wenn sich deine Turmkonstruktion als stabil erweist, besteht sie wahrscheinlich zum Teil aus Dreiecken. Dreiecke sind grundsätzlich starre Gebilde. Wenn man Druck auf ein Dreieck ausübt, verformt es sich nicht. Wird hingegen Druck auf eine Form wie ein Quadrat ausgeübt, kann es sich zu einem Parallelogramm verformen. Wenn man für eine Strebe jeweils 2 Spaghetti verwendet, wird die Konstruktion belastbarer. Je tiefer man die Spaghetti in die Marshmallows bohrt, desto stabiler wird die Verbindung zwischen den Streben. Bautechniker und Bautechnikerinnen sowie Architekten und Architektinnen bekommen oft den Auftrag, einen hohen Turm zu bauen. Dabei müssen sie die Basis und die Form des Turms sorgfältig planen.

18. Krabbeltierchen

Wo leben Kleinsttiere?

Anleitung

1. Gehe draußen auf die Suche nach Kleinsttieren und finde heraus, wo sie leben.
2. Bevor du losgehst, mache eine Skizze von den verschiedenen Lebensräumen, die für die Suche infrage kommen. Beispiel: Gibt es in der Nähe einen Teich, ein Gebüsch, einen Blätterhaufen, Steine, Erde, Bäume oder Flächen aus Beton?
3. Suche in jedem Lebensraum einige Minuten lang nach Kleinsttieren. Wenn du ein Tierchen findest, benutze einen Pinsel, um es sanft und vorsichtig in den Joghurtbecher zu bugsieren. Betrachte es dann durch dein Vergrößerungsglas. Wenn du es angeschaut hast, lasse es an der Stelle frei, an der du es gefunden hast.

Anregung:

Notiere in einer Strichliste, wie viele Tierchen du in jedem Lebensraum gefunden hast. Vergleiche die Ergebnisse für die einzelnen Kleinsttierarten. In welchen Lebensräumen waren die meisten anzutreffen? Beispiel: Wo hast du die meisten Ameisen gefunden? Welchen Grund könnte es dafür geben?

Du brauchst

- ein Vergrößerungsglas
- einen Joghurtbecher
- einen Pinsel
- Papier
- einen Bleistift

Für draußen

Besondere Vorsicht!

Kannst du allein durchführen

Kann im Team durchgeführt werden

Biologe, Biologin

Entomologe, Entomologin

Weiterforschen:

Versuche, einen Lebensraum zu schaffen, in dem sich Kleinsttiere ansiedeln können. Beispiele: einen Laubhügel, einen Steinhaufen oder einen Holzstapel. Wie viele Kleinsttiere findest du darin? Kannst du bestimmen, um welche Tierchen es sich handelt? Gibt es Möglichkeiten, noch mehr Tierchen anzulocken?

Was lernen wir?

Ganz kleine Tiere, wie Spinnen, Schnecken, Würmer und Käfer, nennt man Kleinsttiere. Sie gehören zu den wirbellosen Tieren. Das bedeutet, dass sie keine Wirbelsäule haben. Als „Lebensraum" bezeichnet man die natürliche Umgebung, in der sich eine bestimmte Pflanze oder ein Tier ansiedelt. Kleinsttiere können in vielen verschiedenen Lebensräumen gefunden werden. Wissenschaftlerinnen und Wissenschaftler, die Insekten erforschen, nennt man Entomologen und Entomologinnen (Insektenkundler, Insektenkundlerinnen).

19. Musikalische Glasflaschen

Kann man mit Glasflaschen und Wasser Musik machen?

Anleitung

1. Aufgabe: Spiele eine Melodie, ohne dabei ein Musikinstrument zu benutzen.
2. Um unterschiedliche Tonhöhen zu erhalten (Schallfrequenzen), werden die Milchflaschen mit verschiedenen Mengen Wasser gefüllt.
3. Miss unterschiedliche Wassermengen ab und versuche, verschiedene Töne zu erzeugen.
4. Nun versuche, auf deinem Instrument eine Melodie zu spielen. Dabei kannst du die Flaschen mit einem Löffel anschlagen oder über ihre Öffnungen pusten. Vergleiche, welche unterschiedlichen Tonhöhen und Lautstärken durch die verschiedenen Wassermengen erzeugt werden.

Du brauchst

- 8 gleich große Glasflaschen (zum Beispiel leere Milchflaschen)
- Wasser
- einen Löffel
- einen Messbecher
- Haftzettel (wahlweise)

Anregung:

Kinder, die schon schreiben können, können die Wassermengen in den einzelnen Glasflaschen auf Haftzetteln notieren.

Für drinnen

Kannst du allein durchführen

Tontechniker, Tontechnikerin

Mathematiker, Mathematikerin

Weiterforschen:

Sortiere die Flaschen nach ihrer Tonhöhe vom tiefsten bis zum höchsten Ton. Was fällt dir auf? In früheren Zeiten untersuchten Mathematiker und Mathematikerinnen, wie Pythagoras, die mathematischen Gesetzmäßigkeiten von Tonleitern. Was kannst du darüber herausfinden?

Was lernen wir?

Anschlagen und Pusten bringen unterschiedliche Ergebnisse! Wenn man über eine Flaschenöffnung bläst, vibriert die Luft in der Flasche und erzeugt einen Ton. Je mehr Wasser in der Flasche ist, desto weniger Platz hat die Luft und vibriert darum schneller (produziert einen höheren Ton). Wenn weniger Wasser in der Flasche ist, hat die Luft mehr Platz und vibriert langsamer (produziert einen tieferen Ton). Wenn man aber eine Flasche anschlägt, vibriert das Glas und nicht die Luft darin. Diese Vibration erzeugt einen höheren Ton, wenn weniger Wasser in der Flasche ist.

20. Türme aus Zeitungspapier

Wie hoch ist der höchste freistehende Turm, den man aus Zeitungspapier bauen kann?

Anleitung

1. Bevor du anfängst, überlege kurz, wie du deinen Turm bauen willst.
2. Stelle den Küchenwecker auf 15 Minuten und baue den Turm aus Zeitungspapier. Klebe die einzelnen Teile mit Klebestreifen zusammen.
3. Stelle sicher, dass der Turm frei stehen kann. Tipp: Wenn der Turm kippt, nimm die oberen Teilen des Turms weg und baue ihn so um, dass er eine stabile Standfläche bekommt.
4. Wenn die Zeit um ist, stelle mit einem Maßband fest, wie hoch der Turm geworden ist.

Anregung:

Probiere verschiedene Konstruktionen aus und überlege, warum manche ein besseres Ergebnis erzielen als andere.

Du brauchst

- alte Zeitungen
- Klebestreifen
- eine Schere
- ein Maßband
- einen Küchenwecker

Für drinnen

Kannst du allein durchführen

Kann im Team durchgeführt werden

Architekt,
Architektin

Bautechniker,
Bautechnikerin

Weiterforschen:

Finde Informationen über die höchsten Gebäude der Welt. Sind sie ähnlich konstruiert? Welche Ähnlichkeiten kannst du feststellen?

Was lernen wir?

Eine dreieckige oder breite Standfläche stützt die Konstruktion. Türme sind oben oft schmaler als unten. Auf diese Weise können sie starkem Wind besser standhalten. Vielleicht ist dein Turm unter seinem eigenen Gewicht eingeknickt. Das bedeutet, dass er einen geringen Knickwiderstand hat. Architekten und Architektinnen sowie Bautechniker und Bautechnikerinnen werden oft beauftragt, hohe Gebäude zu bauen. Dabei müssen sie sicherstellen, dass die Konstruktionen sicher und stabil sind. Genau wie in diesem Versuch müssen sie dabei Zeitgrenzen und Materialeigenschaften berücksichtigen.

21. Ölschwemme

Wie wird die Umwelt nach einer Ölkatastrophe wieder sauber?

Anleitung

Achtung: Diesen Versuch solltest du draußen durchführen und dabei einen Kittel oder eine Schürze tragen, um so wenig wie möglich schmutzig zu machen.

1. Mische Wasser und Öl in dem Behälter im Verhältnis 4:1 (also zum Beispiel 400 ml Wasser, 100 ml Öl). Verrühre das Kakaopulver darin und füge die Federn hinzu.
2. Jetzt stelle dir vor, dass eine Ölschwemme passiert ist! Die Mischung in dem Behälter stellt den Ölteppich dar. Benutze die verfügbaren Materialien, um die Federn von dem Öl zu befreien. Fange das entfernte Öl in dem Plastikbecher auf. Du hast 15 Minuten Zeit. Stelle dir vor, dass jede Feder ein Meerestier ist, das vom Öl befreit werden muss.
3. Wenn die Zeit abgelaufen ist, prüfe, wie viel Öl du in dem Plastikbecher gesammelt hast. Wie viele Federn sind wieder sauber? Wie erfolgreich war deine Reinigungsaktion?

Du brauchst

- einen Behälter für 1 Liter Wasser
- Wasser
- Pflanzenöl
- 1 Teelöffel Kakaopulver
- Federn
- Watteböllchen
- einen Plastikbecher
- einen Schwamm
- einen Plastiklöffel
- einen Küchenwecker

Weiterforschen:

Finde im Internet heraus, wie sich eine echte Ölschwemme auf das Leben im Meer auswirkt. Beispiel: 2010 ereignete sich eine Ölkatastrophe im Golf von Mexiko, weil es auf einer Ölplattform der Firma BP zu einer Explosion gekommen war. Was kann getan werden, um die Umwelt besser zu schützen?

Für draußen

Kannst du allein durchführen

Besondere Vorsicht!

Meeresbiologe,
Meeresbiologin

Umweltwissenschaftler,
Umweltwissenschaftlerin

Seeotter

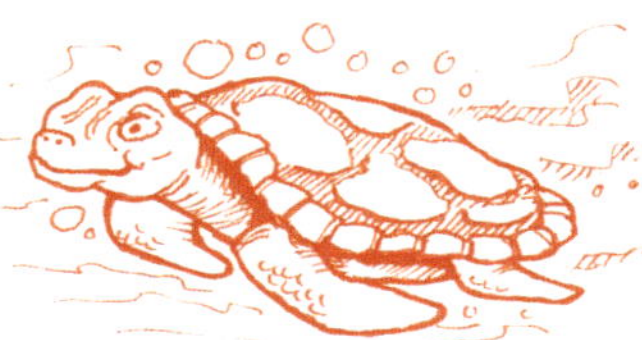

Meeresschildkröte

Pelikan

Was lernen wir?

Ölschwemmen können an Land und im Wasser vorkommen. Sie entstehen meistens dann, wenn ein Öltanker oder ein Tanklaster ein Leck oder einen Unfall hat. Ölschwemmen haben ernste Folgen für die Umwelt, besonders für das Leben im Meer. Das Öl ist für Seevögel und andere Meeres- und Küstenbewohner giftig. Außerdem führt es dazu, dass das Gefieder von Vögeln oder das Fell von Ottern kein Wasser mehr abweisen und gegen Kälte schützen kann. Das liegt daran, dass Öl Federn und Fellhaare verklebt. Dadurch können sie keine zusammenhängende, schützende Schicht über der Haut der Tiere mehr bilden. Die Haut ist dann der Außentemperatur schutzlos ausgesetzt. Außerdem macht Öl die Flügel von Vögeln so schwer, dass sie kaum noch fliegen können.

22. Papierflieger

Wie muss man ein Papierflugzeug falten, damit es fliegt?

Anleitung

1. Falte aus Papier ein Papierflugzeug. Nimm dafür zuerst die Vorlage auf S. 99. Du kannst auch im Internet nach weiteren Vorlagen suchen.
2. Stelle die Kegel auf: einen Kegel in 5 m Entfernung und einen Kegel in 10 m Entfernung. Zunächst wird der Papierflieger am Nahziel in 5 m Entfernung getestet. Kann das Flugzeug das Ziel erreichen? Wenn nötig, verändere seine Form so, dass es möglichst nah an das Ziel herankommt.
3. Fertige ein neues Flugzeug an und wirf es auf das weiter entfernte Ziel. Wenn nötig, verändere es so, dass es zielgenauer geworfen werden kann.
4. Finde heraus, welche Flugzeugform sich am besten für ein Nahziel oder ein Fernziel eignet. Warum eignen sich bestimmte Formen besonders gut für eine bestimmte Entfernung? Was unterscheidet einen Kurzstreckenflieger von einem Langstreckenflieger?

Du brauchst

- Papier
- eine Faltvorlage für den Papierflieger (S. 99)
- ein Maßband
- Markierungen für Ziele in kurzer und weiter Entfernung (zum Beispiel Kegel)
- eine Schere

Für draußen

Kannst du allein durchführen

Raumfahrtingenieur, Raumfahrtingenieurin

Pilot, Pilotin

Weiterforschen:

Suche nach Informationen über das Drachenfliegen. Wieso ist es möglich, ohne einen Antriebsmotor durch die Luft zu segeln? Welche Kräfte sind daran beteiligt? Wusstest du, dass Segelflieger mithilfe von thermischem (temperaturbedingtem) Auftrieb stundenlang in der Luft bleiben können?

Was lernen wir?

Wenn man einen Papierflieger wirft, wird ein Schub erzeugt, der den Flieger nach vorn treibt. Bei echten Flugzeugen erzeugen Triebwerke diesen Schub. Luftwiderstand ist eine Kraft, die in entgegengesetzter Richtung wirkt (stehende Luft, die die Vorwärtsbewegung des Flugzeugs hemmt). Damit das Flugzeug sich vorwärtsbewegen kann, muss der Schub größer sein als der Luftwiderstand. Die Schwerkraft bewirkt, dass das Flugzeug nach unten gezogen wird. Das wird ausgeglichen, indem sich Luft an den Flügeln (Tragflächen) entlangbewegt und für Auftrieb sorgt. Das Verhältnis dieser Kräfte zueinander bestimmt, wie weit ein Flugzeug fliegt.

23. Pappbecher-Telefon

Wie kann ich jemandem etwas zuflüstern, auch wenn die Person nicht neben mir steht?

Anleitung

1. Bohre mit der Spitze des Bleistifts ein kleines Loch in den Boden der beiden Pappbecher.
2. Stecke die Enden der Schnur durch die Löcher ins Innere der Pappbecher. Mache einen dicken Knoten in die Enden der Schnur, damit sie nicht wieder herausrutschen.
3. Nun probiere dein Pappbecher-Telefon zusammen mit einem Teampartner oder einer Teampartnerin aus. Stelle fest, ob der Schall durch die Schnur transportiert wird. Achte darauf, dass die Schnur straff gespannt ist.
4. Transportiert das Pappbecher-Telefon den Schall auch um eine Ecke herum (zum Beispiel um einen Türrahmen)? Achte dabei darauf, dass die Schnur straff ist.
5. Verändere jetzt die Länge der Schnur. Verändert sich auch der Schall?

Weiterforschen:

Die Entdeckung, wie man Schallwellen in elektrische Signale umwandeln kann, war ein großer technischer Fortschritt. Alexander Graham Bell erfand das erste Telefon. Finde mehr über sein Leben und seine Erfindungen heraus.

Du brauchst

- 2 Pappbecher
- eine lange Schnur
- einen spitzen Bleistift
- eine Schere

Für drinnen

Für draußen

Kann im Team durchgeführt werden

Tontechniker,
Tontechnikerin

Elektriker,
Elektrikerin

Was lernen wir?

Schallwellen setzen sich in der Luft durch Vibration fort. Wenn man in einen der Pappbecher spricht, lassen die Vibrationen in der Luft zuerst den Pappbecher und dann die Schnur vibrieren. Diese Vibration setzt sich durch die Schnur hindurch bis in den anderen Pappbecher fort, der ebenfalls vibriert. Der Schall, der durch die Vibration erzeugt wird, wird durch den Pappbecher verstärkt, sodass man ihn hören kann.

In manchen technischen Berufen muss man wissen, wie Schall sich ausbreitet und von verschiedenen Oberflächen zurückgeworfen wird. Die fachliche Bezeichnung dafür ist Akustik. Akustik ist ein wichtiger Teil bei der Planung bestimmter Gebäude (zum Beispiel Konzerthallen, Theater oder Kinos).

24. Fotosafari in der Natur

Welche verschiedenen Formen und Eigenschaften kann man in der natürlichen Umgebung finden?

Anleitung

1. Überlege dir ein Thema für deine Fotosafari. Du kannst eine von den vorgegebenen Tabellen benutzen oder eine neue Tabelle zu einem anderen Thema oder Wissensbereich erstellen.
2. Kopiere die Tabelle von S. 100.
3. Du hast 15 Minuten Zeit, zu jedem Punkt auf der Tabelle ein Beispiel zu finden und zu fotografieren. Suche dabei nach Beispielen, die in der Natur vorkommen und nicht vom Menschen gemacht sind.
4. Mit dem Vergrößerungsglas kannst du die Naturobjekte genauer untersuchen.
5. Wenn die Zeit um ist, überprüfe deine Funde und stelle fest, für wie viele Beispiele auf der Tabelle du ein Foto gemacht hast.

Anregung:

Die Fotosafari kann auch als Gruppenwettbewerb durchgeführt werden. Welches Team findet die meisten Beispiele? Du kannst dir auch eine neue Umgebung für deine Safari suchen und dann versuchen, dein eigenes Ergebnis von der ersten Safari zu übertreffen.

Du brauchst

- einen Fotoapparat oder ein Handy / ein Tablet mit Kamera
- eine Tabelle für die Fotosafari (Beispiele auf S. 100)
- ein Vergrößerungsglas
- eine Stoppuhr

Für draußen

Besondere Vorsicht!

Kannst du allein durchführen

Kann im Team durchgeführt werden

Biologe, Biologin

Maschinenbauer, Maschinenbauerin

Weiterforschen:

Finde heraus, für welche Produkte die Natur als Vorlage diente. Wie wurde die Natur genutzt, um Dinge zum Beispiel an Luftwiderstand anzupassen, sie wasserdicht zu machen oder mit Sonnenenergie anzutreiben?

Was lernen wir?

In der Natur gibt es eine Fülle von verschiedenen Farben, Formen, Eigenschaften und Strukturen. In der Biologie nennt man den Bereich, in dem die Form von Lebewesen erforscht wird, Morphologie. Ingenieure und Ingenieurinnen sowie Wissenschaftler und Wissenschaftlerinnen nehmen oft die Natur als Vorbild, wenn sie nach Lösungen für technische Probleme suchen oder neue Dinge entwickeln. Das wird Biomimikry genannt. Beispiel: Für die Spitze des japanischen Hochgeschwindigkeitszugs diente der Schnabel des Eisvogels als Vorbild.

25. Pfützen-Experiment

Wie lange dauert es, bis das Wasser in einer Pfütze verdunstet ist?

Anleitung

Achtung: Dieser Versuch wird an einem trockenen, sonnigen Tag ausgeführt, damit das Wasser verdunsten kann. Der Versuch wird den ganzen Tag über fortgeführt.

1. Aufgabe: Lege draußen eine Pfütze an, die viel Zeit braucht, um auszutrocknen. Fülle einen Becher mit Wasser. Das gesamte Wasser wird für die Pfütze verwendet.
2. Bevor du anfängst, überlege erst, wie die Pfütze beschaffen sein soll. Soll das ganze Wasser auf eine Stelle gegossen werden oder soll es dünn über eine größere Fläche verteilt werden?
3. Suche für deine Pfütze eine trockene, ebene Fläche. Die Sonne muss direkt auf die Pfütze scheinen. Dafür eignet sich zum Beispiel der Schulhof oder eine Einfahrt. Zeichne mit Kreide den Umriss der Pfütze auf dem Boden nach.
4. Stelle den Küchenwecker. Kehre in regelmäßigen Abständen zu der Pfütze zurück und beobachte, wie schnell das Wasser verdunstet. Wie lange dauert es, bis es ganz verschwunden ist?

Anregung:

Führe das Experiment mit mehreren Teams aus, wobei jedes Team eine Pfütze beobachtet. Du kannst den Versuch auch allein wiederholen und die Ergebnisse hinterher vergleichen. Welche Pfütze trocknete am schnellsten aus? Warum?

Du brauchst

- einen Becher
- Wasser
- Kreide
- einen Küchenwecker
- ein Maßband (wahlweise)
- Schnur (wahlweise)

Wird später fortgeführt

Für draußen

Kannst du allein durchführen

Kann im Team durchgeführt werden

Mathematiker, Mathematikerin

Meteorologe, Meteorologin

Weiterforschen:

Miss den Umfang (die Länge des Umrisses) deiner Pfütze. Dazu legst du eine Schnur entlang des Kreideumrisses. Miss mit einem Maßband die Länge der Schnur. In welchen Pfützen verdunstet das Wasser am schnellsten? In Pfützen mit einem großen oder mit einem kleinen Umfang?

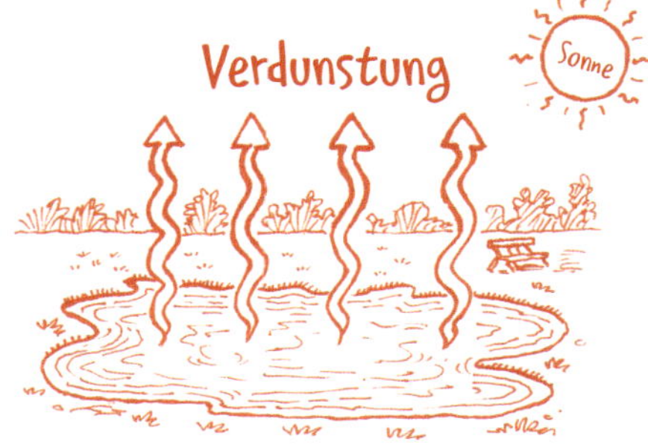

Was lernen wir?

Verdunstung ist ein Vorgang, bei dem eine Flüssigkeit in Gas umgewandelt wird. An einem warmen, sonnigen Tag bewegen sich die Moleküle in der Luft schneller, weil ihnen durch die Sonnenwärme Energie zugeführt wird. Die Wassermoleküle in der Pfütze werden durch die Sonne erwärmt. Wenn energiegeladene Luftmoleküle an der Wasseroberfläche mit Wassermolekülen zusammentreffen, bekommen einige Wassermoleküle so viel Energie ab, dass sie sich vom Wasser trennen und zu Wasserdampf werden. Dadurch wird die Wassermenge in der Pfütze weniger und die Pfütze wird kleiner. Du hast sicher festgestellt, dass die Pfütze mit der kleinsten Oberfläche am längsten gebraucht hat, um auszutrocknen. Da liegt daran, dass an der Oberfläche weniger Wasser der Luft ausgesetzt ist.

26. Lange Leitungen

Wie kann man Wasser transportieren, ohne es zu verschütten?

Anleitung

Achtung: Bei dieser Aktivität kann Wasser auf den Boden laufen. Führe sie darum draußen durch.

1. Aufgabe: Baue eine Rohrleitung, die Wasser von einem Becher zu einem anderen Becher leitet. Die Leitung sollte so beschaffen sein, dass kein Wasser auslaufen kann.
2. Setzt die Rohrleitung aus Trinkhalmen zusammen. Die Verbindungsstellen werden mit Abklebeband abgedichtet, damit keine Lecks entstehen. Bohrt in den Boden eines Plastikbechers ein Loch und befestigt ein Ende der Rohrleitung daran. Ihr werdet die Schwerkraft nutzen müssen, damit das Wasser sich durch die Rohrleitung bewegen kann. Dafür müssen die Rohrleitung und einer der Becher mithilfe von Eisstielen angehoben werden, sodass das Wasser in den zweiten Becher fließt.
3. Zeit für einen Test! Gießt den erhöhten Becher voll Wasser und stellt fest, wie viel davon im unteren Becher ankommt.

Du brauchst

- 2 Plastikbecher
- einen spitzen Bleistift oder Zirkel
- Trinkhalme
- Eisstiele
- Abklebeband
- ein Maßband (wahlweise)
- verschiedene Dichtungsmaterialien (wahlweise)

Anregung:

1: Könnt ihr die Rohrleitung verlängern, ohne dass Wasser ausläuft (zum Beispiel auf mindestens 1 m Länge)?

2: Probiert verschiedene Dichtungsmaterialien aus, um herauszufinden, welches Material das Wasser am besten in der Leitung hält.

Für draußen

Kann im Team durchgeführt werden

Umweltwissenschaftler, Umweltwissenschaftlerin

Wassertechniker, Wassertechnikerin

Weiterforschen:

Im antiken Rom erfand man die Aquädukte, mit denen Wasser in die Städte geleitet wurde. Informiere dich über Aquädukte und römische Bautechnik.

Was lernen wir?

Flüssigkeiten, wie Wasser oder Öl, aber auch Gase können in großen Mengen durch Rohrleitungen („Pipelines“) geleitet werden. Dabei muss auf mögliche Gefahrenquellen geachtet werden, zum Beispiel Lecks. Umweltwissenschaftler und Umweltwissenschaftlerinnen bewerten, welche Auswirkungen der Bau und der Betrieb von Pipelines auf die Umwelt haben. Dazu gehören die möglichen Auswirkungen, wenn zum Beispiel Öl oder Gas durch ein Leck austritt, das zufällig oder durch einen Unfall entstanden ist. Sie schätzen auch ein, wie der Klimawandel sich auf die Funktionsweise von Rohrleitungen auswirken könnte.

27. Herzklopfen

Wie verändert sich der Pulsschlag bei Bewegung?

Anleitung

1. Finde zunächst deinen Puls. Drücke die Spitzen von Zeige- und Mittelfinger (nicht den Daumen) ganz leicht auf die Innenseite deines Handgelenks. Du kannst auch mit denselben Fingern an deinem Hals nach dem Puls tasten. Er befindet sich in der seitlichen Vertiefung unter dem Kinn gleich neben der Luftröhre.
2. Stelle deinen Ruhepuls fest, indem du eine Minute lang die Pulsschläge zählst, während du sitzt und dich nicht bewegst (ein Pulsschlag entspricht einem Herzschlag). Wenn du nicht so viel Geduld hast, kannst du auch 30 Sekunden lang zählen und das Ergebnis mit 2 multiplizieren. Notiere die Gesamtzahl der Pulsschläge.
3. Mache eine kleine Aufwärmübung, zum Beispiel 30 Sekunden lang auf der Stelle joggen oder 10-mal auf- und abspringen. Miss deinen Puls wieder und notiere das Ergebnis.
4. Jetzt überlege dir eine Übung, bei der dein Herz schneller schlägt, zum Beispiel eine kurze Strecke schnell rennen. Miss deinen Puls sofort nach der Übung.
5. Nun überprüfe deine Ergebnisse. Was ist mit deinem Herzschlag passiert, während du dich erst gar nicht, dann ein wenig und zum Schluss viel bewegt hast?

Weiterforschen:

Wie lange dauert es, bis dein Herzschlag wieder zum Ruhepuls zurückkehrt (die Pulszahl, die du vor deinen Übungen notiert hast)? Mache einen Versuch, indem du deinen Puls mehrmals misst. Stelle deine Ergebnisse in einem Diagramm dar.

Du brauchst

- eine Stoppuhr mit Sekundenanzeige

Für draußen

Kannst du allein durchführen

Arzt, Ärztin

Statistiker,
Statistikerin

Joggen

Laufen

Sprinten

 Was lernen wir?

Das Herz pumpt Blut durch 2 Sorten von Adern durch unseren Körper: die Arterien und die Venen. Die Pumpbewegung des Blutes ist in den Arterien am deutlichsten zu spüren. Man kann sie an den Stellen fühlen, wo die Arterien dicht unter der Haut liegen. Dadurch kann man den Puls (die Herzfrequenz) messen. Bewegung lässt das Herz schneller schlagen, weil die Bewegung der Muskeln mehr Sauerstoff benötigt. Der Sauerstoff wird durch den Blutstrom von den Lungen erst zum Herzen und von dort zu den Muskeln transportiert. Bei Menschen, die viel Sport treiben oder sich viel bewegen, wird das Herz mit der Zeit stärker, um die Muskeln mit dem nötigen Sauerstoff zu versorgen. Damit unsere Herzen leistungsfähig bleiben, sollten wir uns regelmäßig bewegen und uns gesund ernähren.

28. Kletterndes Wasser

Wie gelangt Wasser in einer Pflanze von den Wurzeln zu den Blättern?

Anleitung

Achtung: Diese Aktivität wird während des ganzen Tages fortgesetzt.

1. Stelle 3 Gläser in einer Reihe nebeneinander auf. Gieße Wasser in die beiden äußeren Gläser.
2. Gib einen Tropfen Lebensmittelfarbe in eines der äußeren Gläser. Gib einen Tropfen von einer anderen Farbe in das andere äußere Wasserglas. Achte darauf, Primärfarben (Rot, Gelb oder Blau) zu verwenden.
3. Nimm 2 Papiertücher und falte jedes Tuch in Längsrichtung zusammen. Stecke das eine Ende von einem gefalteten Papiertuch in ein Glas mit farbigem Wasser. Stecke das andere Ende in das leere Glas in der Mitte. Stecke nun ein Ende von dem anderen gefalteten Papiertuch in das andere Glas mit farbigem Wasser und stecke das freie Ende in das leere Glas in der Mitte. Achte darauf, dass sich die Enden der Papiertücher in dem leeren Glas berühren.
4. Kehre während des Tages zu dem Versuch zurück, um den Verlauf zu beobachten. Nach einiger Zeit wirst du sehen, dass das Wasser in den Papiertüchern „klettert" und dabei einen bunten Regenbogen erzeugt.

Du brauchst

- 3 durchsichtige Wassergläser
- Wasser
- Lebensmittelfarbe (2 Primärfarben)
- Papiertücher
- eine Selleriestange (wahlweise)

Weiterforschen:

Stecke nun eine Selleriestange für 10 Minuten in das gefärbte Wasser. Schneide die Selleriestange dann auf. Du wirst sehen, dass die Farbe in der Stange hochgestiegen ist. Das nennt man „Kapillarwirkung".

Wird später fortgeführt

Für drinnen

Kannst du allein durchführen

Botaniker,
Botanikerin

Farbtechniker,
Farbtechnikerin

Was lernen wir?

Wenn man 2 Primärfarben miteinander vermischt, entsteht eine Sekundärfarbe (zum Beispiel ergibt Blau vermischt mit Gelb Grün). Diesen Vorgang kann man in dem leeren Glas beobachten. Das Wasser steigt in den Papiertüchern nach oben. Das geschieht durch die sogenannte Kapillarwirkung. Dabei halten sich die Wassermoleküle aneinander fest und steigen so nach oben. Dafür sorgen die Kohäsionskraft (Wassermoleküle streben danach, zusammenzubleiben) und die Adhäsionskraft (Wassermoleküle werden von anderen Substanzen angezogen und haften an ihnen). Diese Kräfte wirken auch in Pflanzen. In ihnen steigen Wassermoleküle in engen Röhren aufwärts, die man „Kapillaren“ oder „Xylem“ nennt.

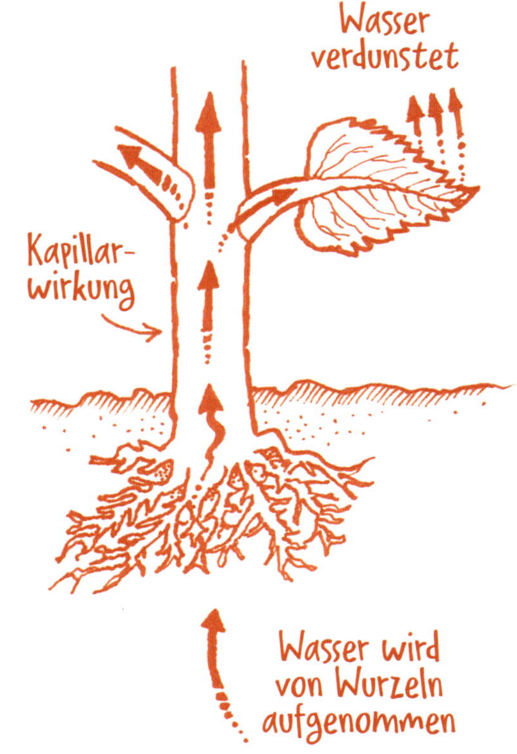

29. Roboter-Hindernislauf

Wie werden Roboter gesteuert?

Anleitung

1. Bestimmt ein Kind als Roboter. Verbindet dem „Roboter" die Augen.
2. Stellt anhand der Materialien einen Hindernisparcours für den Roboter zusammen. Start und Ziel müssen klar markiert sein.
3. Dann wird der Roboter durch den Hindernisparcours geführt. Dazu werden dem Roboter Anweisungen gegeben. Achtet darauf, dass diese Anweisungen einfach und klar sind. Beispiel: „3 Schritte vorwärts. Nach rechts drehen."
4. Beurteilt den Versuchsverlauf: Konnte der Roboter den Hindernisparcours ohne Probleme durchlaufen? Falls nicht: Was könnt ihr tun, damit es beim nächsten Mal besser klappt?

Du brauchst

- Kreide
- Reifen
- Kegel
- Schnur
- eine Augenbinde

Anregung:

Fügt weitere Hindernisse hinzu, damit die Aufgabe schwieriger wird.

Für drinnen

Für draußen

Kann im Team durchgeführt werden

Programmierer, Programmiererin

Robotik-Techniker, Robotik-Technikerin

Weiterforschen:

Wenn es bei dir zu Hause oder in der Schule einen Bodenroboter gibt (zum Beispiel einen Saugroboter), versuche, ihn durch den Hindernisparcours zu steuern. Ist es einfacher oder schwieriger, als einen Menschen zu steuern? Du kannst stattdessen auch herausfinden, für welche Aufgaben Roboter eingesetzt werden.

Was lernen wir?

Roboter sind Maschinen mit einem gewissen Grad an „künstlicher Intelligenz“. Zuerst wird ein Roboter zusammengebaut, dann wird er programmiert. Dieses Programm besteht aus einer Reihe von Anweisungen, die ihm sagen, wie er auf seine Umgebung und auf bestimmte Situationen reagieren soll. Jede Anweisung muss klar und einfach sein, damit der Roboter weiß, was er tun soll.

30. In Steinen stöbern

Wie viele verschiedene Sorten von Steinen gibt es?

Anleitung

1. Gehe nach draußen und mache einen Spaziergang. Sammle verschiedene Sorten von Steinen und Felsstücken in einen Eimer. Sie sollten klein und leicht zu tragen sein. Es ist auch wichtig, dass du Pflanzen oder Tiere nicht störst, wenn du nach Steinen und Felsstücken suchst. Achte darauf, dass deine Steine verschieden groß sind, verschiedene Farben und Formen haben und sich unterschiedlich anfühlen.
2. Nun sortiere die Steine zum Beispiel nach ihrer Größe, der Farbe oder der Form. Schreibe die Kategorie, nach der du die Steine gruppiert hast, auf einen Haftzettel (zum Beispiel „Farbe"). Lege den Zettel zu deiner Sammlung und mache ein Foto.
3. Sortiere die Steine noch einmal. Verwende dabei eine andere Kategorie. Beispiel: Wenn du die Steine zuerst nach ihrer Farbe sortiert hast, sortiere sie nun nach ihrer Form. Wie viele verschiedene Möglichkeiten findest du, um die Steine zu sortieren?

Anregung:

Zusätzlich kannst du die Steine bestimmten Gesteinssorten zuordnen und dabei die richtigen Fachbegriffe verwenden (zum Beispiel vulkanisch, sedimentär, metamorph oder durchlässig / undurchlässig).

Weiterforschen:

Informiere dich darüber, wie verschiedene Gesteinsarten genutzt werden. Welches Gestein wird zum Dachdecken verwendet? Aus welchem Gestein bestehen Mauern? Welche Eigenschaften muss ein Gestein haben, um einen bestimmten Zweck zu erfüllen?

Du brauchst

- einen Eimer
- ein Vergrößerungsglas
- Haftzettel
- eine Kamera

Für draußen

Kannst du allein durchführen

Kann im Team durchgeführt werden

Geologe, Geologin

Bautechniker, Bautechnikerin

Was lernen wir?

Geologisch wird Gestein als vulkanisch, sedimentär oder metamorph klassifiziert. Vulkanisches Gestein entsteht, wenn flüssiges Magma (geschmolzenes Gestein) auskühlt und erstarrt (zum Beispiel nach einem Vulkanausbruch). Sedimentäres Gestein besteht aus kleinen Teilen von verschiedenen Materialien (zum Beispiel Sand oder Pflanzenteile), die über lange Zeit in Schichten zusammengepresst werden. Metamorphes Gestein entsteht, wenn verschiedene Gesteinsarten unter der Erdoberfläche großer Hitze und starkem Druck ausgesetzt sind (Metamorphismus ist ein Fachwort für „die Form verändern").

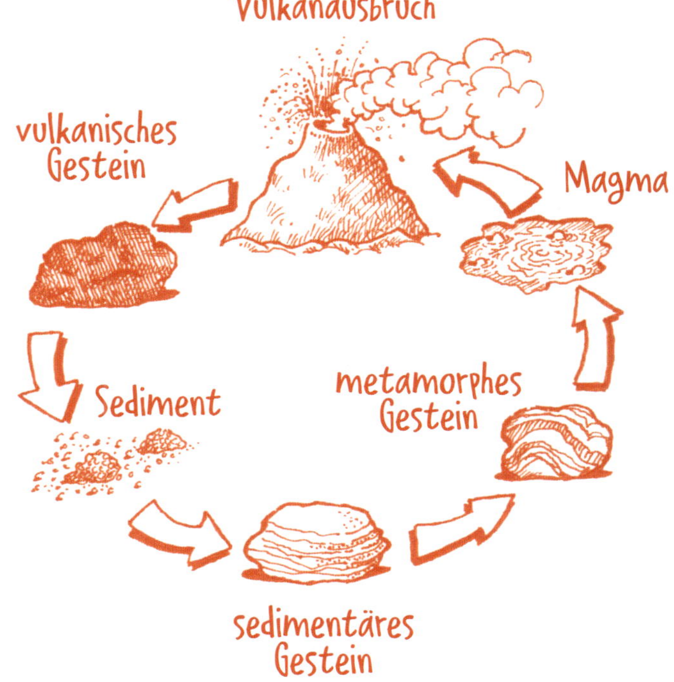

31. Raketenrennen

Wie wird eine Rakete ins All geschossen?

Anleitung

1. Um eine Rakete zu basteln, braucht jedes Teammitglied ein langes Stück Schnur, einen Trinkhalm und einen Ballon. Führe die Schnur durch den Trinkhalm und spanne sie quer durch den Raum (zum Beispiel zwischen 2 Stühlen). Alle Schnüre werden parallel zueinander angeordnet und müssen gleich lang sein, damit das Rennen fair ist.
2. Blase den Ballon auf und halte ihn am Ende mit deinen Fingerspitzen zu, damit keine Luft entweichen kann. Nicht loslassen, bevor das Rennen losgeht!
3. Befestige den Ballon mit Klebestreifen am Trinkhalm. Dabei muss die Öffnung des Ballons zum Startpunkt zeigen.
4. Die Ballons werden am Startpunkt (ein Ende der Schnur) in Position gebracht und dann gleichzeitig losgelassen. Beobachte, wie die Ballons an der Schnur entlangfliegen. Mit der Stoppuhr wird die Zeit gemessen. Welche Rakete kommt am schnellsten am anderen Ende der Schnur an?

Du brauchst

- Ballons in verschiedenen Größen
- dünne Schnur
- Trinkhalme
- Klebestreifen
- eine Stoppuhr
- eine Schere

Weiterforschen:

Experimentiere mit verschieden großen Ballons oder mit Ballons, die mit mehr oder weniger Luft gefüllt sind. Du kannst auch die Schnur schräg nach oben oder nach unten spannen. Was stellst du fest?

Für drinnen

Kannst du allein durchführen

Kann im Team durchgeführt werden

Astronaut,
Astronautin

Raumfahrtingenieur,
Raumfahrtingenieurin

Was lernen wir?

Wenn der Ballon aufgeblasen wird, wird er mit Luft gefüllt, die aus vielen Gasteilchen besteht. Diese Gasteilchen bewegen sich im Ballon und erzeugen einen Druck. Wenn der Ballon losgelassen wird, wird die Luft ausgestoßen. Dabei erzeugt sie eine Vorwärtsbewegung, die man „Vortrieb“ oder „Schub“ nennt. Bei einer richtigen Rakete erzeugen die Düsen einen enormen Schub durch das Verbrennen von Treibstoff. Die ausgestoßenen Gase treiben die Rakete ins All.

32. Stabile Säulen

Welche Säulenform kann das meiste Gewicht tragen?

Anleitung

1. Falte 3 Papierbögen (DIN A4) so, dass du 3 Säulen in verschiedenen Formen erhältst: Quadrat, Dreieck und Kreis. Füge die Nahtstellen mit Klebestreifen zusammen, damit die Säulen ihre Form behalten.
2. Überlege, welche Säule am meisten Gewicht tragen kann. Warum?
3. Mache einen Test. Lege nach und nach Bücher auf eine der Säulen. Zähle, wie viele Bücher du auf die Säule stapeln kannst, bis sie einknickt.
4. Wiederhole den Versuch mit der zweiten und dritten Säule.
5. Welche Säule konnte die meisten Bücher tragen? Kannst du dir vorstellen, warum das so ist?

Weiterforschen:

Welche Bedeutung hat der Durchmesser einer kreisförmigen Säule für ihre Tragfähigkeit? Finde heraus, ob sich die Tragfähigkeit der Säule ändert, wenn du ihren Durchmesser änderst.

Du brauchst

- Papier, Größe DIN A4
- Klebestreifen
- Bücher

Für drinnen

Kannst du allein durchführen

Bautechniker,
Bautechnikerin

Mathematiker,
Mathematikerin

Was lernen wir?

Wenn die Basis einer Säule wie ein Dreieck oder Quadrat geformt ist, verschiebt sich das Gewicht der Bücher zu den Ecken der Säule. Das erzeugt einen hohen Druck auf die einzelnen Eckpunkte. Dieser Druck ist zu hoch für das Papier, sodass die Säule einknickt. Bautechniker und Bautechnikerinnen sprechen von Knickbelastung. Hingegen wird bei einer Säule mit einer kreisförmigen Basis das Gewicht gleichmäßig über den ganzen Kreis verteilt. Das heißt, dass mehr Gewicht auf die Säule gegeben werden kann, bevor sie einknickt. Kreisförmige Säulen werden gewöhnlich von Bautechnikern und Bautechnikerinnen verwendet, um das Gewicht von Gebäuden abzustützen.

33. Süße Symmetrie

Was passiert, wenn man bunte Süßigkeiten in warmes Wasser legt?

Anleitung

1. Lege mit bunten Süßigkeiten (zum Beispiel Schokolinsen) ein symmetrisches Muster auf einen Teller.
2. Fülle warmes Wasser in die Tasse und gieße etwas von dem Wasser in die Mitte des Tellers, bis die Schokolinsen halb eingetaucht sind.
3. Beobachte, wie die Farben von den Schokolinsen in die Mitte des Tellers laufen. Kannst du sehen, was mit den Farben passiert? Kannst du dir vorstellen, warum das so ist?

Du brauchst

- bunte Süßigkeiten, zum Beispiel Liebesperlen oder Schokolinsen
- einen weißen Teller
- warmes Wasser
- eine Tasse

Weiterforschen:

Symmetrie ist ein grundlegendes mathematisches Prinzip. Symmetrien kommen häufig in der Natur vor und werden auch von Architekten und Architektinnen eingesetzt, wenn sie ein Gebäude planen. Mache draußen einen Spaziergang und suche nach Symmetrien in der Umgebung.

Für drinnen

Kannst du allein durchführen

Farbtechniker,
Farbtechnikerin

Mathematiker,
Mathematikerin

 Was lernen wir?

Liebesperlen und Schokolinsen sind mit einer Schicht aus Zucker und Farbe umhüllt. Im warmen Wasser löst sich diese Schicht und diffundiert (das heißt, dass Zucker und Farbe sich im Wasser verteilen). Die Farben erzeugen eine Lösung mit leicht unterschiedlichen Eigenschaften (zum Beispiel unterschiedliche Dichte). Das schafft zunächst eine Barriere zwischen den einzelnen Lösungen, die verhindert, dass die Farben sich vermischen. Wissenschaftlerinnen und Wissenschaftler nennen das „Wasserstratifikation“, was so viel bedeutet wie „Wasserschichtung“.

34. Schwebende Schneeflocken

Wie beeinflusst die Form einer Schneeflocke die Geschwindigkeit, mit der sie fällt?

Anleitung

1. Schneide aus dem Papier eine symmetrische Schneeflocke.

Hinweis: Falte das Papier zur Hälfte, in Viertel oder Achtel. Schneide das Papier entlang der Falze ein, zum Beispiel Dreiecke oder Vierecke. Prüfe mit einem Spiegel, ob deine Schneeflocke symmetrisch ist.

2. Lasse die Schneeflocke aus einer bestimmten Höhe fallen. Miss mit der Stoppuhr die Zeit, die sie braucht, um zu Boden zu fallen.
3. Schneide in die nächste Schneeflocke ein Muster, von dem du glaubst, dass die Schneeflocke damit langsamer fällt.
4. Lasse die Schneeflocke wieder aus derselben Höhe fallen und miss die Zeit. Vergleiche die Ergebnisse. Überlege, warum Schneeflocken mit bestimmten Mustern langsamer fallen als andere.

Anregung:

Fertige jetzt eine Schneeflocke an, die schneller herunterfällt als die anderen.

Weiterforschen:

Suche nach Informationen über das Leben von Wilson Bentley, der als einer der ersten Fotografen Bilder von Schneeflocken gemacht hat. Was hat er über Schneeflocken gesagt?

Du brauchst

- Quadrate aus Papier
- eine Schere
- einen Spiegel
- eine Stoppuhr

Für drinnen

Kannst du allein durchführen

Meteorologe,
Meteorologin

Physiker,
Physikerin

Was lernen wir?

Schneeflocken entstehen in den Wolken, wenn Wasserdampf gefriert. Jede Schneeflocke hat 6 Seiten, aber man nimmt an, dass jede Flocke einzigartig geformt ist. Das kommt daher, dass jede Schneeflocke auf einem anderen Weg zu Boden gelangt, wobei sie unterschiedlichen Temperaturen und verschieden hohen Feuchtigkeitsgraden ausgesetzt ist. Meteorologen und Meteorologinnen erkunden das Wetter, um Schneefälle voraussagen zu können.

Die Schwerkraft zieht die Schneeflocke zu Boden, wobei der Luftwiderstand als Gegenkraft wirkt. Je weniger Oberfläche (oder je mehr Löcher) eine Schneeflocke hat, desto weniger Luftwiderstand gibt es und die Flocke fällt schneller zu Boden.

35. Hubschraubermodell

Wie baut man einen Hubschrauber aus Papier?

Anleitung

1. Kopiere die Vorlage für den Hubschrauber (S. 101). An den durchgezogenen Linien schneidest du das Papier ein. An den gestrichelten Linien faltest du das Papier.
2. Falte das Viereck A entlang der waagerechten, gestrichelten Linie nach vorn. Falte nun das Viereck B entlang der gestrichelten Linie nach hinten. Das sind die Rotorblätter.
3. Falte jetzt Viereck C entlang der senkrechten gestrichelten Linie zur Mitte. Falte auch Viereck D entlang der gestrichelten Linie zur Mitte. C und D liegen jetzt übereinander. Zum Schluss falte das untere Stück des Helikopters ein Stückchen nach oben (entlang der gestrichelten Querlinie unten). Befestige das hochgeklappte Stück mit einer Büroklammer.
4. Teste deinen Hubschrauber. Lasse ihn aus einer bestimmten Höhe fallen. (Sei vorsichtig, wenn du dich dabei auf einen Stuhl oder Tisch stellst.) Beobachte, wie die Rotorblätter des Hubschraubers sich drehen.
5. Füge mehr Büroklammern hinzu und beobachte, wie das zusätzliche Gewicht die Drehbewegung verändert. Wie viele Büroklammern kannst du hinzufügen, bis das Drehen aufhört?

Weiterforschen:

Finde heraus, wie Hubschrauber funktionieren. Informiere dich darüber, wie Hubschrauber und Flugzeuge den nötigen Auftrieb bekommen.

Du brauchst

- Vorlage für den Hubschrauber (S. 101)
- eine Schere
- Papier
- einen Kugelschreiber oder Bleistift
- Büroklammern
- eine Stoppuhr (wahlweise)

Für drinnen

Für draußen

Kannst du allein durchführen

Raumfahrtingenieur, Raumfahrtingenieurin

Physiker Physikerin

Was lernen wir?

Die Schwerkraft zieht den Hubschrauber nach unten. Während der Hubschrauber fällt, leistet die Luft unter den Rotorblättern Widerstand. Dadurch drehen sich die Rotorblätter. Durch das Drehen erhält der Hubschrauber Auftrieb, der ihn in der Luft hält.

Die Richtung der Rotorblätter beeinflusst die Drehrichtung (im Uhrzeigersinn oder gegen den Uhrzeigersinn). Zusätzliches Gewicht bewirkt, dass der Hubschrauber schneller fällt. Wenn immer mehr Gewicht hinzugefügt wird, wird die nach unten gerichtete Schwerkraft viel größer als der Auftrieb, der durch die Rotation erzeugt wird. Dann fällt der Hubschrauber zu Boden, ohne sich zu drehen.

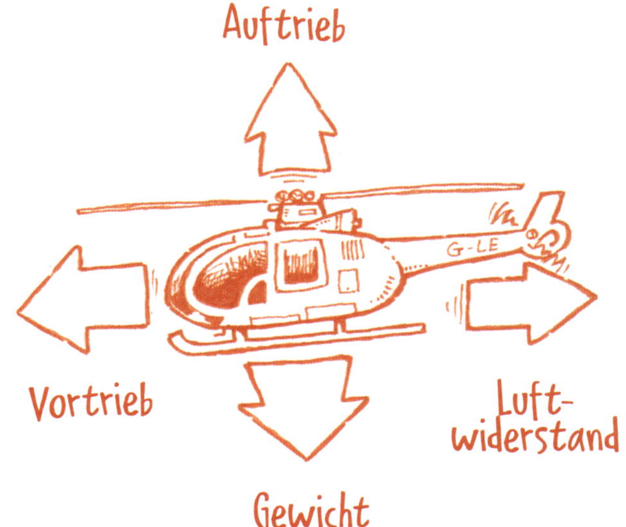

36. Löffelmusik

Wie erzeugt man hohe oder tiefe Töne?

Anleitung

1. Binde die Mitte der Schnur um einen Löffelstiel.
2. Nimm je ein Ende der Schnur in je eine Hand. Wickle die Enden der Schnur um deine Zeigefinger. Halte die Enden der Schnur an deine Ohren. Der Löffel sollte etwas tiefer als deine Taille hängen.
3. Bitte ein anderes Kind, mit dem Lineal vorsichtig den Löffel anzuschlagen.
4. Probiere, den Löffel verschieden kräftig anzuschlagen. Stimmt es, dass der Ton lauter wird, je kräftiger der Löffel angeschlagen wird?
5. Verändere die Länge der Schnur. Ist der Ton jetzt höher, tiefer oder gleich?

Du brauchst

- verschieden große Löffel
- eine Schnur (etwa 2 m lang)
- ein Lineal
- eine Gabel (wahlweise)

Weiterforschen:

Wiederhole den Versuch mit verschiedenen großen Löffeln. Wirkt sich das auf den Ton aus? Wenn ja, warum? Ändert sich der Ton, wenn man eine Gabel benutzt?

Für drinnen

Für draußen

Kann im Team durchgeführt werden

Tontechniker,
Tontechnikerin

Physiker
Physikerin

Was lernen wir?

Wenn das Lineal an den Löffel schlägt, beginnt der Löffel, zu vibrieren, und erzeugt dabei Schallwellen. Diese Schallwellen bewegen sich durch die Schnur zum Ohr. Schallwellen setzen sich durch feste Materialien schneller fort als durch Luft. Dadurch hört man den Ton deutlicher. Die Schnur wird so zu einer Leitung für die Schallwellen.

37. Elektrischer Salz-Pfeffer-Mix

Wie kann man Salz und Pfeffer voneinander trennen?

Anleitung

1. Gib einen Esslöffel Salz und einen Esslöffel gemahlenen Pfeffer auf einen Teller. Vermische das Salz und den Pfeffer gründlich miteinander.
2. Reibe den Plastiklöffel an deiner Kleidung (zum Beispiel an deinem Pulli), um statische Elektrizität zu erzeugen.
3. Halte den Löffel über den Salz-Pfeffer-Mix. Beobachte, wie das Salz und der Pfeffer sich voneinander trennen. Was stellst du fest?
4. Bewege den Löffel nun vom Teller weg. Was passiert?

Du brauchst

- 1 Esslöffel Salz
- 1 Esslöffel gemahlenen Pfeffer
- einen Teller
- einen Plastiklöffel
- einen Luftballon (wahlweise)

Weiterforschen:

Informiere dich über statische Elektrizität. Wusstest du, dass man sie auch in Geräten wie Laserdruckern oder Fotokopierern nutzt? Die Blitze bei einem Gewitter sind plötzliche Entladungen von statischer Elektrizität aus den Wolken. Finde heraus, ob in deiner Umgebung Blitzableiter auf den Dächern angebracht sind.

Anregung:

Reibe einen Luftballon an deiner Kleidung, um statische Elektrizität zu erzeugen.

Für drinnen

Kannst du allein durchführen

Elektriker,
Elektrikerin

Meteorologe,
Meteorologin

Was lernen wir?

Wenn man einen Plastiklöffel gegen Stoff reibt, wird auf der Oberfläche des Löffels elektrische Ladung erzeugt. Die ungeladenen Salzkörner und Pfefferteilchen werden von den aufgeladenen Teilchen im Löffel angezogen. Die Pfefferteilchen werden leichter aufgenommen als die Salzkörner. Das liegt daran, dass die Pfefferteilchen leichter sind und sie die Schwerkraft deshalb leichter überwinden können.

38. Frachter aus Alufolie

Welche Form muss ein Schiff haben, damit es möglichst viel Ladung aufnehmen kann?

Anleitung

1. Fertige aus der Alufolie einen Schiffsrumpf an. Achte darauf, dass das Schiff gut ausbalanciert ist, sodass es später im Gleichgewicht auf dem Wasser liegen kann. In der Folie dürfen keine Lücken oder Löcher sein. Der Schiffsrumpf muss einen hohen Rand haben, damit kein Wasser in das Schiff gelangen kann.
2. Fülle den Behälter oder das Becken mit Wasser und probiere dein Schiff aus. Prüfe, ob es schwimmt und wasserdicht ist. Falls nötig, verändere die Form des Schiffes.
3. Lege dann nach und nach einzelne Münzen in das Schiff (die Münzen sollen die Ladung darstellen). Achte darauf, dass die Ladung gleichmäßig verteilt ist, damit das Schiff nicht umkippt. Wenn das Wasser den oberen Rand des Schiffsrumpfs fast erreicht hat, werden keine Münzen mehr nachgelegt.
4. Zähle, wie viele Münzen das Schiff geladen hat. Du kannst sie auch wiegen. Wie viel Ladung hat dein Schiff aufnehmen können?

Du brauchst

- Alufolie
- Münzen
- Wasser
- eine Schüssel, einen Behälter oder ein Waschbecken
- eine Waage (wahlweise)

Weiterforschen:

Fertige aus Alufolie kleine und große Schiffe in verschiedenen Formen an, zum Beispiel Kanus, quadratische oder rechteckige Schiffe. Probiere aus, wie viel Gewicht Schiffe in unterschiedlichen Formen und Größen tragen können.

Für drinnen

Kannst du allein durchführen

Kann im Team durchgeführt werden

Matrose,
Matrosin

Schiffbauingenieur,
Schiffbauingenieurin

BALL:
Gewicht des verdrängten Wassers < Gewicht des Balles

SCHIFF:
Gewicht des verdrängten Wasser > Gewicht des Schiffes

Was lernen wir?

Archimedes war ein griechischer Wissenschaftler und Mathematiker, der vor über 2000 Jahren lebte. Das Archimedische Prinzip lautet: Die Kraft, die das Schiff aufwärts treibt (der Auftrieb), ist genauso groß wie das Gewicht des Wassers, das durch das Schiff weggedrückt („verdrängt") wird. Verschieden geformte Schiffsrümpfe verdrängen unterschiedliche Mengen Wasser und haben daher einen unterschiedlich starken Auftrieb. Je mehr Last das Schiff trägt, desto mehr zieht die Schwerkraft das Schiff abwärts, bis die Schwerkraft stärker ist als der Auftrieb und das Schiff sinkt.

39. Wasserfarben-Zauber

Wie werden aus Primärfarben Sekundärfarben?

Anleitung

1. Fülle zuerst Wasser in einen Becher. Füge dann ein paar Tropfen Lebensmittelfarbe hinzu, entweder Rot, Gelb oder Blau (Primärfarben). Rühre das Farb-Wasser-Gemisch gut um.
2. Stelle den Becher in eine größere, durchsichtige Schüssel. Gieße Wasser in die Schüssel. Achte dabei darauf, dass das Wasser nicht in den Becher läuft. Füge Lebensmittelfarbe in einer anderen Primärfarbe in die Schüssel. Verrühre die Farbe in dem Wasser.
3. Schaue dir die beiden Farben genau an. Das Licht vermischt sie zu einer dritten Farbe.
4. Wiederhole den Versuch mit anderen Farbkombinationen. Wie viele Farben, die auf einem Regenbogen zu sehen sind, kannst du mit 2 Primärfarben erzeugen? Was passiert, wenn du 3 Primärfarben verwendest?

Du brauchst

- große, durchsichtige Schüsseln (farblos)
- durchsichtige Becher (farblos)
- einen Löffel
- Lebensmittelfarben (Primärfarben)
- Wasser
- einen Spiegel (wahlweise)

Weiterforschen:

Finde heraus, ob du mit einem Becher voll Wasser, einem Spiegel und etwas Sonnenlicht einen bunten Regenbogen erzeugen kannst.

Hinweis: Halte den Spiegel in verschiedenen Winkeln über das Wasser, bis du einen Regenbogen sehen kannst.

Für drinnen

Kannst du allein durchführen

Farbtechniker,
Farbtechnikerin

Meteorologe,
Meteorologin

Was lernen wir?

Weißes Licht enthält alle Farben des Regenbogens. Wenn das Licht durch die erste Farblösung fällt, zum Beispiel gelb gefärbtes Wasser, verliert es weniger von dem gelben Anteil, als wenn es durch klares Wasser fällt. Man sagt auch: Es wird weniger gelbes Licht absorbiert. Das Licht, das durch die gelbe Farblösung fällt, enthält dann mehr Gelb und weniger von den anderen Regenbogenfarben. Dasselbe passiert, wenn das Licht durch die zweite Farblösung fällt, zum Beispiel blau gefärbtes Wasser. Das Licht hat dann mehr Gelb und mehr Blau, als wenn es durch klares Wasser scheinen würde. Wenn dieses Licht in unser Auge fällt, werden die gelben und die blauen Lichtanteile zusammen als Grün gesehen.

Rot, Gelb und Blau sind die Primärfarben. Wenn wir sie mischen, entstehen Orange, Grün und Violett. Das sind die Sekundärfarben.

40. Sauberes Wasser

Wie bekommt man schmutziges Wasser wieder sauber?

Anleitung

Achtung: Niemals von dem Wasser trinken, auch wenn es sauber aussieht!

1. Entferne den Verschluss von der Plastikflasche und schneide den Flaschenboden ab. Die Flasche hat jetzt die Form eines Trichters. Stecke die Flasche umgedreht mit dem Flaschenhals zuerst in den Becher.
2. Lege eine Schicht Watte unten in die umgedrehte Flasche. Die Watte dient als Filter.
3. Fülle die Flasche schichtweise mit Naturmaterialien, zum Beispiel Schichten aus Sand oder Steinen. Du kannst den Versuch ein zweites Mal mit größeren oder kleineren Materialmengen durchführen. Dadurch kannst du vergleichen, wie gut die einzelnen Materialien als Filter funktionieren.
4. Gieße nun das Schmutzwasser in die Flasche. Stelle mit einer Stoppuhr fest, wie lange das Wasser braucht, um durch den Filter in den Plastikbecher zu laufen.
5. Betrachte das Wasser im Becher. Vergleiche nach jedem Filterdurchlauf, wie sauber das Wasser geworden ist. Durch welche Materialien wurde das Wasser am saubersten?

Du brauchst

- einen durchsichtigen Becher
- kleine und größere Kieselsteine
- Sand
- Watte
- verschmutztes Wasser (zum Beispiel Lehm oder Erde mit Wasser verrühren)
- eine Plastikflasche
- eine Stoppuhr
- eine Schere

Weiterforschen:

Informiere dich darüber, welche Probleme es bei der Verbesserung der Wasserqualität in Entwicklungsländern gibt. Kann Sonnenenergie beim Filtern von Wasser helfen?

Für drinnen

Kannst du allein durchführen

Kann im Team durchgeführt werden

Umweltwissenschaftler, Umweltwissenschaftlerin

Wassertechniker, Wassertechnikerin

Was lernen wir?

Bevor Leitungswasser zu uns nach Hause gelangt, wird es in einem Wasseraufbereitungssystem gereinigt. Auf diese Weise werden Schadstoffe aus dem Wasser entfernt, sodass man es ohne Gefahr trinken kann. Ohne diese Aufbereitung kann uns das Wasser krank machen. Wassertechniker und Wassertechnikerinnen tragen dazu bei, Systeme zur Reinigung von Wasser zu entwickeln.

Sauberes Wasser gibt es nicht überall auf der Welt. Ingenieure und Ingenieurinnen sowie Umweltwissenschaftler und Umweltwissenschaftlerinnen arbeiten gemeinsam daran, den Menschen Zugang zu sauberem Wasser zu ermöglichen, besonders in Entwicklungsländern.

Kopier-
vorlagen

Sortiervorlage für Blattformen

Zu Experiment 13, „Blattformen sortieren“

Blattform / Blattränder	elliptisch	oval	handförmig	eiförmig	umgekehrt eiförmig	herzförmig	lanzettlich	linear
ganzrandig								
gesägt								
gezahnt								
gelappt								

Faltvorlage für Papierflieger

Zu Experiment 22, „Papierflieger“

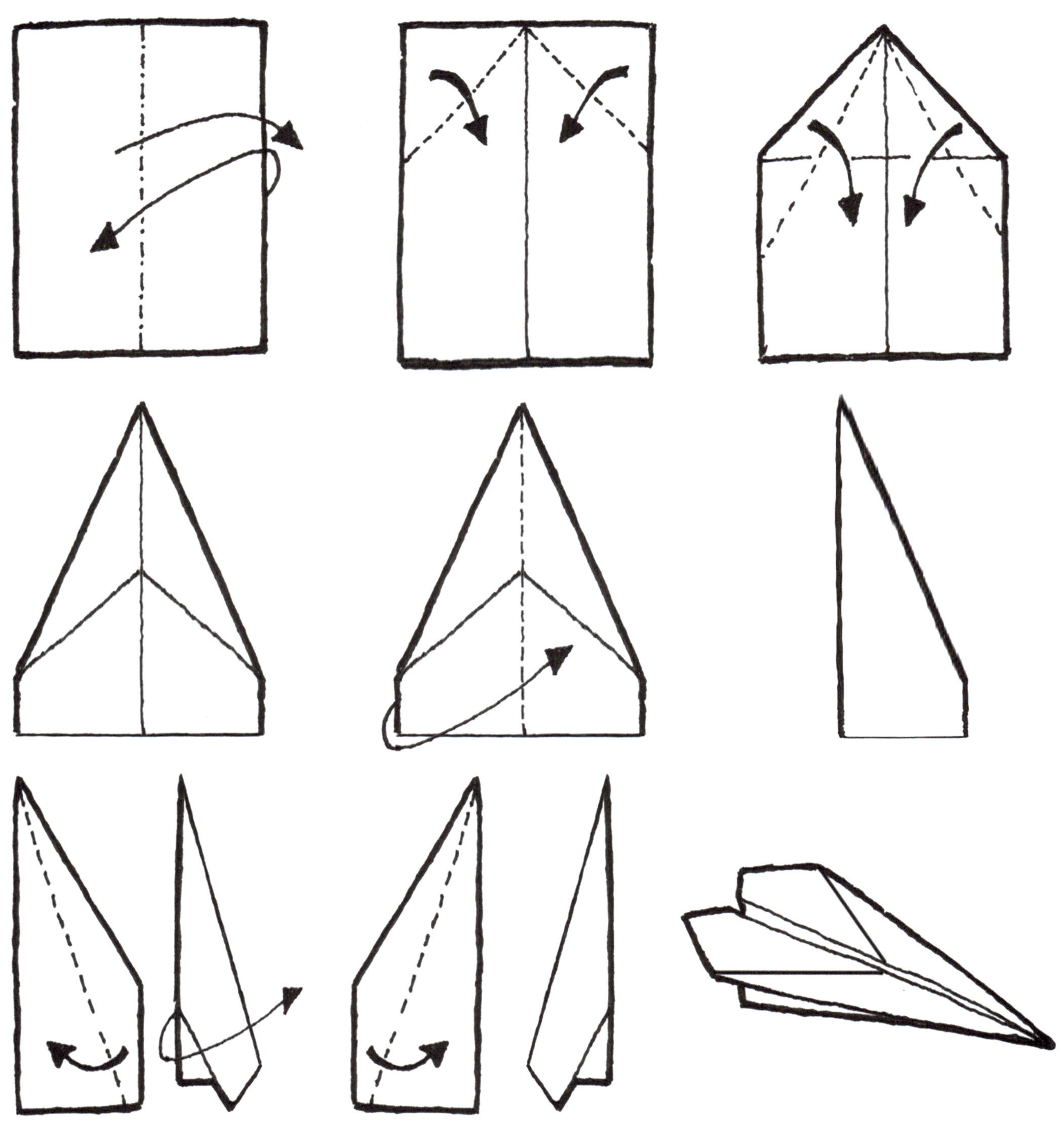

Themen und Tabellen für Fotosafari

Zu Experiment 24, „Fotosafari in der Natur"

Thema: Strukturen und Eigenschaften

- stachelig
- klebrig
- schleimig
- hart
- weich
- uneben
- glatt
- steinig
- nass
- gezahnt

Thema: geometrische Formen

- Kreis
- Dreieck
- Oval
- Quadrat
- Rechteck
- Fünfeck
- Sechseck
- Halbkreis
- Raute
- Stern

Thema: Pflanzen

- Wurzeln
- Blätter
- Pollen
- immergrüne Pflanze
- Pflanze mit abfallenden Blättern
- Stamm
- Samen
- Erde
- Blütenblatt
- Frucht

Thema:

....

- ....
- ....
- ....
- ....
- ....
- ....
- ....

Vorlage für ein Hubschraubermodell

Zu Experiment 35, „Hubschraubermodell“

A

B

C

D

Tipps und Anregungen

Interesse an MINT-Themen weiter fördern

Die Experimente in diesem Buch haben Ihnen hoffentlich Spaß gemacht und Ihre Begeisterung für MINT-Themen geweckt! Hier sind zum Schluss noch einige schnelle und einfache Möglichkeiten, das Interesse von Kindern an MINT-Fächern zu fördern.

Entdeckungsfreude wecken

Beispiele: Naturspaziergang im Wald, Fossilienjagd am Strand oder Himmelsbeobachtungen an einem sternenklaren Abend.

Museums- oder Zoobesuch

Das ermöglicht nicht nur lebensnahes Lernen, sondern auch die Begegnung mit Fachexpert*innen aus verschiedenen Wissensbereichen.

Anwendung von MINT-Wissen im Alltag

Beispiele: Berechnung von Wechselgeld beim Einkaufen oder Abmessen von Backzutaten. Helfen Sie den Kindern, die Verbindung zwischen erlernten Fähigkeiten und deren Relevanz für den Alltag zu erkennen und zu erfahren.

Herausfinden, wie Dinge funktionieren

Beispiel: Kinder anleiten, Gegenstände auseinanderzunehmen (z. B. ein einfaches, mechanisches Spielzeug) und wieder zusammenzusetzen. Besprechen Sie dabei die Funktionen der verschiedenen Einzelteile. (Hinweis: Achten Sie dabei auf nötige Sicherheitsvorkehrungen.)

Rätsel und Denkspiele

Spiele wie Sudoku und Schach eignen sich hervorragend zur Förderung logischen Denkens – eine Kompetenz, die für MINT-Fächer besonders wichtig ist. Konstruktionsspielzeuge, wie z. B. Klemmbausteine, regen die räumliche Vorstellungsfähigkeit an. Würfelspiele unterstützen den Aufbau mathematischer Fähigkeiten.

MINT-Bilderbücher anbieten

Es gibt eine ganze Reihe von Bilderbüchern, die MINT-Themen aufgreifen, das Interesse daran wecken und Stereotypen infrage stellen, die mit MINT-Berufen assoziiert werden. Einige Literaturtipps finden Sie auf S. 103.

MINT-Apps herunterladen

Von der Kodierung von Computerprogrammen bis zu *Virtual Reality* gibt es zahlreiche interessante MINT-Apps, von denen viele kostenlos sind, z. B. *Scratch Jr.* oder *Lightbot*.

Und vor allem ...

... stecken Sie die Kinder mit Ihrer Begeisterung an! Erziehungsberechtigte und Lehrkräfte haben entscheidenden Einfluss auf junge Menschen. Bleiben Sie offen für die Lerninteressen der Kinder und achten Sie darauf, keine negativen Auffassungen oder Stereotypen an sie weiterzugeben.

Über die Autorin

Emily Hunt

Emily Hunt ist eine erfahrende Grundschulpädagogin. Ihre Funktion als Fachbereichsleiterin für Sachunterricht an einer Schule in Bristol weckte ihre Begeisterung für die Förderung des MINT-Unterrichts. Während eines einjährigen Aufenthaltes in den USA entwickelte sie eine viel besuchte Webseite und einen Blog – www.howtostem.co.uk –, die MINT-Aktivitäten und Empfehlungen für die Arbeit mit Kindern im Vorschul- und Grundschulalter anbieten. Für das amerikanische Bildungssystem war sie mit Öffentlichkeitsarbeit befasst, die das Interesse an wissenschaftlichen Themen fördern soll. Ihr Studium schloss sie mit dem Master of Education der Universität Cambridge ab.

Danksagungen

Mein Dank geht an alle, die die Verwirklichung von 15-Minuten-Experimente ermöglicht haben.
So bedanke ich mich bei dem wunderbaren Team von Crown House Publishing, das sich für Bildung und Ausbildung in MINT-Fächern genauso begeistert wie ich und mich während der Arbeit an diesem Projekt beraten und angeleitet hat.

Weiterhin bedanke ich mich bei Jane Hewitt dafür, dass sie mit ihren gelungenen Fotos die Aktivitäten auf so lebendige Weise eingefangen hat, sowie bei den Schüler*innen der Darton Primary School und der Worsbrough Common Primary School, die auf diesen Aufnahmen zu sehen sind. Das Buch ist voll mit Bildern von motivierten, fröhlichen Kindern. Ihr Anblick macht mir Freude, wann immer ich durch die Seiten blättere.

Ein letzter Dank gilt meiner Familie, die immer für mich da war, mir zuhörte und Worte der Ermutigung fand, sowie an meinen Mann Edmund. Besonders dankbar bin ich für seine wissenschaftlichen Fachkenntnisse und Einsichten, mit denen er mir immer wieder zur Seite stand und die mir geholfen haben, meine Ideen zu entwickeln und in dem vorliegenden Buch zu realisieren.